工业4.0背景下职业教育人才培养模式教育创新研究
——基于产教融合理念

徐 兰 著

东北师范大学出版社

图书在版编目（CIP）数据

工业4.0背景下职业教育人才培养模式教育创新研究：基于产教融合理念 / 徐兰著． -- 长春：东北师范大学出版社，2022.12
ISBN 978-7-5681-9975-9

Ⅰ．①工… Ⅱ．①徐… Ⅲ．①高等职业教育—人才培养—培养模式—教育研究—中国 Ⅳ．① G718.5

中国版本图书馆CIP数据核字（2022）第246443号

□责任编辑：刘兆辉　　□封面设计：优盛文化
□责任校对：卢永康　　□责任印制：许　冰

东北师范大学出版社出版发行
长春市净月经济开发区金宝街118号（邮政编码：130117）
销售热线：0431-84568036
网址：http://www.nenup.com
东北师范大学音像出版社制版
石家庄汇展印刷有限公司印装
河北省石家庄市栾城区樊家屯村人大路与长安街西行300米路南
2022年12月第1版　2023年1月第1次印刷
幅画尺寸：170mm×240mm　印张：10.25　字数：210千

定价：68.00元

本书得到以下项目资助：

※ 2020年教育部人文社会科学研究青年基金项目：工业4.0背景下深化产教融合的职业教育人才培养模式创新研究——以物流管理为例（项目编号：20YJC880109）

※ 2021年度教育科学规划课题（高等教育专项）：一核一带一区背景下广东高职专业建设与产业发展的适应性研究（项目编号：2021GXJK111）

※ 2021年广东省高职教育教学改革研究与实践项目：工业4.0背景下推动智慧物流人才培养的适应性研究（项目编号：GDJG2021020）

前言

2010年7月，我国颁布了《国家中长期教育改革和发展规划纲要（2010—2020年）》，其中指出"把职业教育纳入经济社会发展和产业发展规划，促使职业教育规模、专业设置与经济社会发展需求相适应"。2017年，习近平在中共十九大上明确提出要"完善职业教育和培训体系，深化产教融合、校企合作"。深化产教融合，促进教育链、人才链与产业链有机衔接，是推进人力资源供给侧结构性改革的迫切要求。产教融合引导教学过程与生产过程对接、学校供给与企业需求对接，是解决目前职业教育育人体系供给与现实人才需求矛盾的重要办法。2017年，国务院办公厅发布了《国务院办公厅关于深化产教融合的若干意见》。2020年10月党的十九届五中全会审议通过《中共中央关于制定国民经济和社会发展第十四个五年规划和二〇三五年远景目标的建议》明确提出要深化产教融合与校企合作，增强职业技术教育适应性。2020年由教育部等九部门印发的《职业教育提质培优行动计划（2020—2023年）》特别指出"深化职业教育供给侧结构性改革，深化校企合作协同育人模式改革"等。职业教育在当前迫切需要"引企入教"的教学改革，学校教学应与企业合作、与行业联合、同特色园区联结，让企业深度参与职业教育专业课程开发，以适应国家人力资源供给侧结构性改革。

与产教融合相关的研究的热度自2007年以来持续上升，具体如图0-1所示。研究的主题包括校企合作、人才培养模式、产教深度融合、协同育人、研究与实践、产业学院、创新创业研究、专业群以及实践探索等。

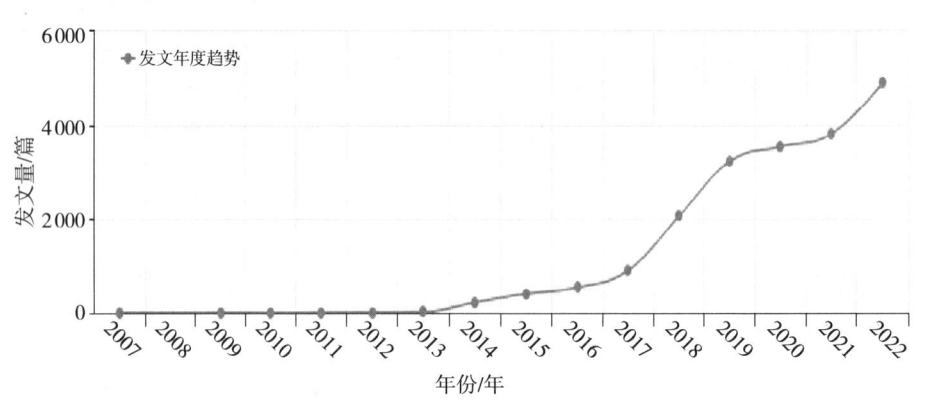

图 0-1 2007 年以来国内职业教育核心学术期刊"产教融合"发文趋势图示

数据来源：
文献总数：15 938 篇；检索条件：(主题 %='产教融合' or 题名 %='产教融合')；检索范围：中文文献。

职业教育作为与产业经济联系紧密的教育类型，为实体经济提供重要的人力资源支撑和技术积累。推动职业教育和产业经济紧密联系的关键媒介是产教融合，产教融合能不断提升职业教育的适应性。在本书中，职业教育指高等职业教育。本书主要从两个维度探讨产教融合的具体内涵，分为上篇和下篇。上篇以物流管理专业为例，先分析工业 4.0 对物流行业和职业教育的影响，然后探索工业 4.0 背景下基于产教融合理念的物流管理专业人才培养模式创新；下篇探讨职业教育高水平专业群的适应性，以广东省高水平专业群为主要研究对象，研究的核心要义在于根据产业需求变革，分析和探究职业教育创新发展的理念和模式。

目 录

上篇：工业 4.0 背景下物流管理专业人才培养模式研究

第一章 工业 4.0 背景下的物流行业变革 ·················· 003
 一、工业 4.0 对物流行业的影响 ························ 004
 二、工业 4.0 背景下的智能物流 ························ 005
 三、工业 4.0 背景下我国物流行业智能化改革升级路径 ········ 007
 四、结论与启示 ···································· 013

第二章 工业 4.0 背景下物流管理人才培养策略 ··············· 015
 一、适应工业 4.0 需求的物流管理人才培养策略 ············· 016
 二、结论与启示 ···································· 020

第三章 工业 4.0 背景下物流管理人才培养模式创新研究 ········ 021
 一、工业 4.0 技术对物流管理人才素质的新要求 ············· 023
 二、适应工业 4.0 需求的物流管理人才培养模式 ············· 024
 三、促进人才培养模式创新的保障条件 ···················· 028
 四、工业 4.0 背景下服务物流行业的多方协同育人框架 ········ 032
 五、结论与启示 ···································· 036

第四章　工业 4.0 背景下的物流管理人才胜任力培养 ……… 039
一、工业 4.0 背景下物流管理人才胜任力特征 ……… 041
二、促进物流管理人才胜任力形成的基本路径 ……… 042
三、支撑职业教育与物流行业融合发展的保障条件 ……… 047
四、结论与启示 ……… 049

下篇：产教融合背景下职业教育的适应性研究

第五章　高水平专业群适应性的内涵意蕴 ……… 053
一、高水平专业群适应性的内涵意蕴 ……… 054
二、促进高水平专业群适应性提升的制度设计 ……… 057
三、结论与启示 ……… 062

第六章　产教融合理念下高水平专业群适应性内涵建设 ……… 065
一、高水平专业群适应性内涵建设特征 ……… 066
二、提升高水平专业群适应性内涵建设的行动方略 ……… 069
三、结论与启示 ……… 074

第七章　推动我国职业教育企业主体地位实现的可行性路径 ……… 077
一、推动企业参与职业教育的逻辑起点 ……… 078
二、德国职业教育保障企业主体地位的具体举措 ……… 080
三、推动我国职业教育企业主体地位实现的可行性路径 ……… 084
四、结论与启示 ……… 089

第八章　企业主体型职业教育的框架构建 ……… 091
一、企业主体型职业教育的显著优势 ……… 092
二、德国双元制职业教育的实践路径 ……… 093

三、推动我国企业主体型职业教育实现的框架构建 …… 097
　　四、结论与启示 …… 101

第九章　以企业为主导的第三方职业教育质量评价体系 …… 103
　　一、评价对象：职业教育质量 …… 105
　　二、评价主体：以企业为主导，多方参与 …… 107
　　三、建立职业教育质量评价流程 …… 110
　　四、构建职业教育质量评价指标体系 …… 111
　　五、结论与启示 …… 116

第十章　广东省高职专业建设适应产业发展的优化路径 …… 119
　　一、专业适应性建设的基本要义 …… 120
　　二、增强专业适应性建设的理论研究 …… 120
　　三、促进高职专业建设适应产业发展的优化路径 …… 122
　　四、保障高职专业建设适应产业发展的长效机制 …… 126
　　五、结论与启示 …… 130

第十一章　广东省首批高水平专业群与产业结构耦合研究 …… 133
　　一、广东省高等职业院校在"一核一带一区"的分布特点 …… 134
　　二、广东省高水平专业（群）建设模式变革 …… 136
　　三、广东省首批高水平专业群与产业布局耦合关系 …… 137
　　四、推进高水平专业群建设与产业协同发展策略 …… 144
　　五、结论与启示 …… 147

研究展望 …… 149

参考文献 …… 151

上篇：
工业 4.0 背景下物流管理专业人才培养模式研究

第一章 工业4.0背景下的物流行业变革

工业4.0背景下职业教育人才培养模式教育创新研究：基于产教融合理念

一、工业4.0对物流行业的影响

德国政府于2013年4月在汉诺威工业博览会上正式推出"工业4.0"战略，该战略已经得到德国科研机构和产业界的广泛认同。西门子公司已经开始将这一概念引入其工业软件开发和生产控制系统。"工业4.0"包含由集中式控制向分散式增强型控制的基本模式转变，目标是建立一个高度灵活的个性化和数字化的产品与服务的低成本、高效率的制造业生产模式。在这种模式中，传统的行业界限将消失，产业链分工将被重组，各种新活动领域和企业合作形式将会产生。这种先进制造方式能够实现的关键在于现代物流服务能提供足够的支撑性服务。物流业是融合运输、仓储、货代、信息等产业的复合型服务业，是推动国民经济发展的基础性、战略性产业。加快发展现代物流业，对促进产业结构调整、转变发展方式、提高国民经济竞争力和建设生态文明具有重要意义。2014年国务院印发的《物流业发展中长期规划（2014—2020年）》中特别指出，我国要"基本建立布局合理、技术先进、便捷高效、绿色环保、安全有序的现代物流服务体系"。《"互联网+"高效物流实施意见》指出："基于互联网的物流新技术、新模式、新业态成为行业发展新动力，与'互联网+'高效物流发展相适应的行业管理政策体系基本建立。"这与工业4.0的发展理念不谋而合。工业4.0发展趋势下，现代物流行业的发展机遇与面临的挑战主要来源于以下两个方面。

（一）物流环节重要程度和复杂程度大幅提升

以往物流行业面临的是大批量生产的、固定的、规律化的生产模式，而随着工业4.0发展理念对实体制造业产生影响，基于客户个性化需求的定制化、弹性化、灵活化的小批量、多品种甚至高度柔性化的单件生产模式成为可能。[1]在这种趋势下，物流行业的重要性和复杂性大幅度提升，物流不再是对生产、配送的被动响应，而是以客户需求为中心的主动反应——物流企业基于物联网大数据共享平台主动挖掘客户需求信息，并高效、精准地将信息分享至整个供应链上各个节点企业，生产制造企业快速匹配跟进，在完成生产制造之后，以最快的速度将产品精准地提供给下游客户，不断减少客户下单到获得产品的前置等待时间，提高生产制造效率的同时，最大限度提升客户满意度。

（二）物流行业信息化程度大幅提升

在工业4.0模式下，物流行业不仅面对终端用户，还要主动串联起整个生产、制造、销售和配送链条。企业不再是信息的孤岛，而是依靠物流活动将所有的生产环节、制造环节和配送环节结合起来，构成生产网络。企业的边界将变得模糊，企业将以单元模块的形式存在。依靠网络系统和信息数据基础，各个企业可以达到高度自由组合的状态，从而满足客户弹性化、个性化的需求。在这一过程中配备的物流设备的智能化程度更高，行业内的信息共享和信息控制对数字网络、信息传递的要求大幅度提高，包括生产信息、制造信息、配送信息等一系列支撑和服务制造、生产、配送全流程的所有信息。

二、工业4.0背景下的智能物流

工业4.0带给物流行业的主要冲击在于物流供应链的创新和优化。为应对市场环境和客户需求的变化，制造企业倡导柔性化生产。要支撑这种生产模式，就需要构建比传统大批量生产供应链系统更敏捷、响应订单变化更快速的供应链体系。工业4.0实质上改变了生产的分工形式和产品的整合方式，由于产业之间的边界逐渐模糊，各个企业都将成为物联网技术条件下的智能生产模块，一切围绕客户的个性化需求展开，需全面整合价值链和产业链。工业4.0的主要特点就是在个性定制基础上进行以智能物流衔接的智能生产和智能制造。从物流行业

工业4.0背景下职业教育人才培养模式教育创新研究：基于产教融合理念

来看，未来物流行业数字化改革的目标就是智能供应、智能生产以及智能运输配送。

（一）智能供应物流

用户通过互联网终端进行产品定制需求确认，工厂设计部门在获得客户订单之后与客户确认订单，根据客户价格预算生成物料清单，包括原材料需求数量、制造工序以及物料备货需求时间，随后将数据信息在供应链整体框架下与原材料供应商共享。各供应商在系统引导下根据需求时间和仓储分布地点进行物料备货及供货，保障生产能够快速有序地开展，从生产源头不断缩短客户等待时间。

（二）智能生产物流

各类物料通过智能设备和柔性制造信息系统快速、及时地在各个生产系统模块中生产。充分利用基于物联网的分散制造系统和功能组合来实现产品的定制化，将分散在各处的生产车间和仓储配送体系有机结合起来，打破企业间隔和生产边界，从而实现定制化生产的低成本化和高效率化。在工业4.0高度发展的后期，各个制造企业不需要建立自身的生产车间和仓储车间，而是最大限度使用基于互联网大数据的社会化生产车间，从而降低各个环节衔接过程中的时间成本和沟通成本。

（三）智能运输配送物流

智能工厂在完成生产后，通过GPS（全球定位系统）等高端信息技术系统响应，根据产品特征和运输地点，利用智能车队进行配载运输，在运输过程中可以根据智能运输系统进行线路规划，减少里程和运费，提高配送的准确性和满意度。这种智能运输配送也将是高度灵活化的模式，最大限度降低企业的社会配送成本。

三、工业 4.0 背景下我国物流行业智能化改革升级路径

在工业 4.0 不断向制造业渗透的过程中，智能物流承担着衔接实体制造经济运行的重要任务。目前，我国物流行业智能化改革与升级任重道远。下面从我国物流企业、行业以及政府部门等不同主体出发，从物流基础设施和设备、信息化水平、政策环境等宏观层面以及企业微观层面等多个维度，探讨我国物流行业智能化改革与升级的策略（图 1-1）。

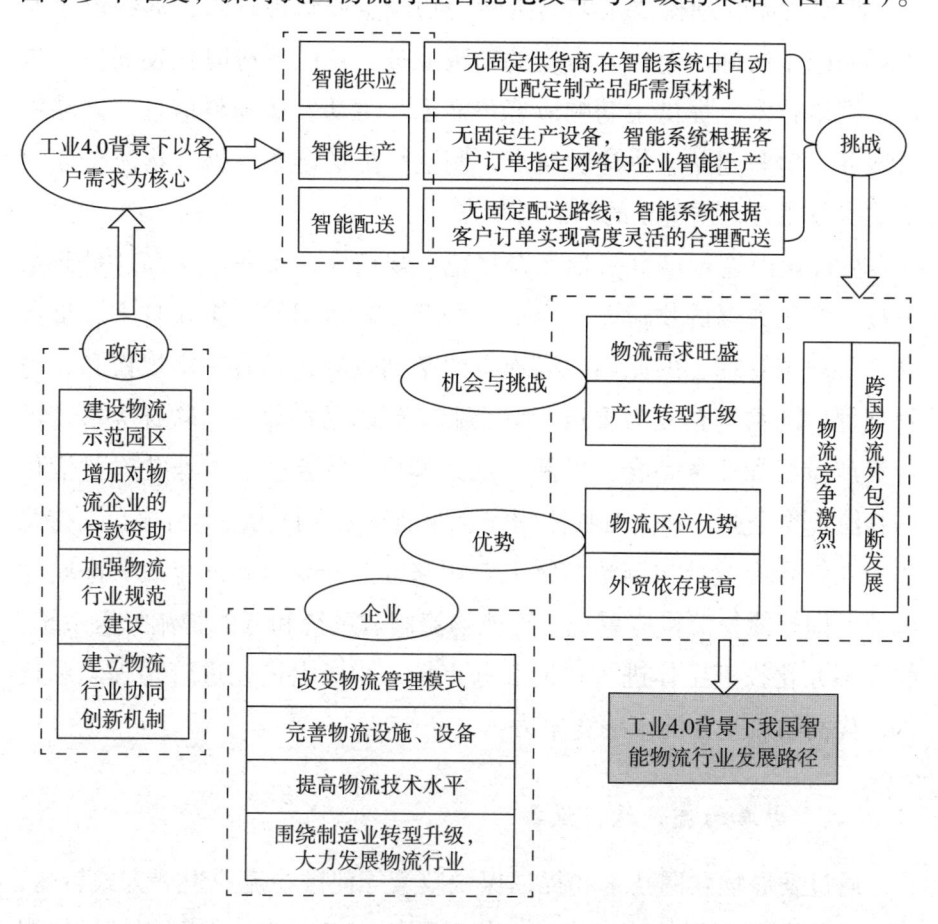

图 1-1 工业 4.0 背景下我国智能物流行业发展路径

从企业层面看，改变物流企业管理模式，提升盈利能力；完善物流设施和设备，提高信息化水平；对接我国制造业转型升级，刺激物

流行业长远发展。[2] 从行业层面看，鼓励物流企业通过投资并购、资产重组、强强联合、战略协作、企业联盟等方式，提高物流资源集约度和市场集中度，重点培育一批具有全球供应链资源整合和调配能力的第三方物流企业、邮政快递企业和供应链管理企业。

（一）改变物流管理模式

改变物流管理模式主要是指转变物流企业管理理念，即物流企业不再局限于装卸、仓储、搬运的初级业务，还应顺应时代发展，逐步通过网络技术，提供主动响应客户需求、主动发送物料信息等高端物流服务，串联起整个供应、生产、制造、配送链条，提升物流企业的增值服务能力，创造新的利润增长点。

在行业内逐步培育一批经营规范、规模大、服务水平高、科研水平高、竞争力强的物流龙头企业，按照"政府引导、企业自主、重点培育、动态管理"的原则，以现有的基础较好、具有一定规模和先进管理理念的物流企业为重点示范企业，鼓励通过兼并、联合等形式进行资产重组和业务整合，发展一批大型化、社会化、专业化、灵活化的物流优秀企业。加大对物流领先企业的政策支持力度，引导和支持龙头企业结合产业结构调整与物流业调整方向和要求，逐步发展高端物流业，即智能物流供应系统、智能物流制造系统和智能物流配送系统。鼓励多元化投资主体进入物流服务市场，积极引进先进管理理念和技术，提高物流企业的市场竞争力。

（二）完善物流设施、设备

通过发展物联网技术和提倡保税政策等促进物流业发展方式转变，大力发展创新型运输服务方式，提升物流服务层次。鼓励创新运输服务方式，解决由运输方式落后与各种运输方式衔接不畅带来的多次搬倒、多次拆装等低效率问题。加快综合运输体系建设，大力发展多式联运、集装箱运输、散货运输、甩挂运输等灵活化的运输方式。推广应用厢式货车、集装箱车辆，开发、使用物流配送专用车辆。加快推进单元装载化，推行以托盘化为核心的单元装载方式，统一托盘标准，开发托盘共用系统。加快对现有仓储和转运设施的标准化改造，同时逐步推广自动立体库分拣传输设备的技术创新，并推动物流输送与分拣朝自动化、智能化的方向发展。鼓励企业采用标准化的物流设施和设备，促进物流设施、设备的标准化。

在我国对外贸易依存度不断上升的情况下，发展集装箱多式联运，实现铁路、港口码头、公路无缝对接，加强铁路、公路、港口一体化建设，建设综合物流枢纽，促进各种物流方式的衔接和配套，提高资源使用效率和物流运行效率，提升物流设施的系统性、兼容性。围绕我国制造业物流需求，逐步构建完善的物流产业区域布局，构建覆盖我国、辐射东南亚、联通世界的多通道物流体系。建立完善的物流标准体系，推进物流园区、物流企业和物流项目标准化，促进物流园区管理规范化、物流企业服务品牌化、物流项目经营产业化。

（三）提高物流技术水平

提高物流技术水平包括两个方面：一方面是企业进行数据平台更新换代，推广电子标签、EPC（工程总承包）等，与物联网技术协同发展，实现货物的自动识别与信息共享，提高供应链管理效率；[3]另一方面是在企业内部建立物流标准化服务平台，促进不同节点企业、不同交通运输方式之间的信息衔接，鼓励各类专业平台、车货匹配平台等开放数据接口，加强物流运行数据的采集、分析，提供基于大数据的针对社会化物流需求的服务应用，推动物流数据开放，向社会和企业提供高效、便捷、准确、先进的标准化动态信息和技术服务。

从行业层面看，整合各部门物流相关信息资源，推进与物流相关的政务信息系统的协调与开放。推动重点行业、物流园区公共信息平台建设，实现资源共享、数据共用、信息互通。大力发展物联网，建立物流信息系统对接和物流信息共享机制，提升物流产业的管理水平和层次，降低货运车辆空驶率，减少重复运输，减少供应链上各个企业的库存，降低物流成本，提高整个供应链的运作效率。

（四）围绕制造业转型升级，大力发展物流行业

首先，物流行业在工业4.0发展趋势下迎来新的发展机遇，这得益于未来制造业转型升级过程中基于用户个性化需求的企业功能模块的重新配置。物流业的主要发展目标应是围绕制造业的新需求提供完善的配套服务，作为制造业转型升级的重点支撑行业，发挥重要作用。

其次，从我国经济发展格局来看，在当前和将来相当长的一段时间里，我国制造业将以加工贸易制造业为主，无论外销还是内销，都涉及大量货物进出口和海关监管问题，保税物流是目前处理这些问题比较有效的一种途径。我国应重点发展保税物流，物流企业可根据加工贸易制造业分布情况，申请合理配置多个保税物流中心，并积极争取自由贸易区的优惠政策，实施国际贸易与保税物流的配套发展策略，为加工贸易制造业提供更便捷、高效的进出口物流服务。

再次，对外贸易方面仍需积极拓展亚洲乃至全球物流市场，特别是与"一带一路"沿线国家和地区广泛合作。工业4.0最先由制造强国德国提出，已有企业将这种理念引入实际产品生产线中。我国可利用优越的地理位置和公路交通等优势，开展多种形式、多层次的广泛商务合作，推动国际贸易高质量发展，从经济发展的维度拉动物流行业的长远发展。

最后，政府在保障措施方面，主要可以从以下几个方面入手：加强物流基础设施网络建设，加大卓越物流企业帮扶力度；加快建设交通物流网络；完善交通枢纽集疏运系统，实施铁路引入港口、公路货站和物流园区工程以及枢纽周边道路畅通工程；政府、物流企业、物

流行业、职业院校开展协同合作创新，实现物流技术和物流服务模式的创新，并促进科研成果转化。具体而言，建议政府在促进物流行业发展方面实施以下措施：

（1）建设物流示范园区。目前，我国要发展智能物流，但是物流企业良莠不齐，单纯依靠企业自身的改革、创新远远不够，因此还需政府引导建设物流示范园区，使我国物流行业内部的优秀物流企业形成示范效应，建立线路规划、库存管理等高端供应链管理环节的业务流程，推动中小普通物流企业进行技术模仿与流程优化，加速智能物流技术在我国物流行业内的传播与应用。支持物流龙头企业建设供应链系统，通过供应链管理信息平台，共享需求信息、交货情况、生产计划、生产进度、促销计划和装运进度等信息，实现协同受益。

（2）完成基础设施与信息平台建设。加强北斗导航、物联网、云计算、大数据、移动互联等先进信息技术在物流领域的应用和推广，采用全程透明、可视、可精准追踪、可灵活调整的智能管理流程。以广东省为例，可以考虑以南方现代物流公共信息平台为基础，扩大平台应用范围，加强各平台间的合作，逐步实现广东省内各地方物流公共信息平台与广东省交通运输物流公共信息平台、佛山市中小型船东企业经营管理云平台、高栏港和深圳港物流公共信息平台等信息平台无缝对接，集成企业间和企业内的供应链管理系统、企业资源计划管理系统、客户关系管理系统以及销售管理系统等，构建物流一体化信息系统。[4]信息系统建设是推动物流行业向智能方向发展的关键环节。

继续强化我国现代物流公共信息平台功能，发挥我国港口优势，结合保税物流的发展规划，完善国内对外港口电子口岸建设，推进外贸各环节网络化运作，实现外贸、商务、口岸、海关、检验检疫、边检、海事、工商、税务等部门数据共享和物流通关信息一体化。[5]只有信息共享的外部环境逐渐形成，才有利于我国物流行业供应链管理模式的实施和发展，才能更好地促进智能物流的实现。

工业4.0背景下职业教育人才培养模式教育创新研究：基于产教融合理念

（3）加大物流企业贷款资助力度。我国物流企业大部分是民营企业，民营物流企业在直接融资方面面临着可担保资产少、还债周期长等困境，这也是阻碍民营物流企业进行设备购置、改善产业链条、更新技术、优化物流流程的重要原因。因此，在工业4.0发展趋势下，我国地方政府应基于民营物流企业异质性甄选，提高对物流企业的贷款资助额度，以使企业能够在进行技术革新时有相对丰裕的资金流，增强民营物流企业的竞争力，从而推动物流企业在技术领域的发展。此外，政府应加强对物流企业的引导，推广现代智能物流发展理念，通过指引物流企业未来发展方向，促进物流企业由低端物流企业向高端物流企业转型。

（4）加强物流行业规范建设。物流行业规范是指在工业4.0背景下物流行业能够制定相对统一的行业服务标准和行业技术标准。在行业层面，通过物流企业、行业协会、行业研究中心制定、实施各类先进设备适用标准，在运输、配送、包装、装卸、保管、流通加工、回收及信息管理等各环节推行标准化规范流程管理，建立完善的现代物流服务标准体系，推进物流标准化管理；通过逐步在物流示范园区内的企业内推广行业标准，使我国大部分中小物流企业能够在行业标准约束下获得更好、更多的发展机遇。

（5）建立物流行业协同创新机制。物流企业与物流协会、培养物流人才的高职院校以及物流专业研究机构等多方主体应在政府搭建的协同创新平台下，探索多维度、多种模式的创新合作，从而打造符合我国整体经济发展格局的特色物流产业，培养掌握现代物流先进技术的人才；通过产学研合作、政校行企四方联动等多种方式就物流行业内部的高难度技术项目进行集中攻关，并逐步在政府引导下建立物流行业企业协同技术创新以及创新成果转化机制。第一，创新物流企业的服务模式，丰富物流产品和服务功能；第二，创新智能物流所需要的各项基本技术，提升物流企业在应对智能制造过程中的地位；第三，多方利益主体共同促进相关的科研成果转化，即通过市场化或者非市场化的机构，将协同创新的成果转化成物流企业能够使用的智能技术和服务模式，促进物流行业智能化发展。

四、结论与启示

我国物流行业在应对工业4.0时，应改变企业经营模式和经营策略，逐步建立完善的企业间供应链管理信息系统，包括智能定位系统、智能配送系统以及客户管理系统等，并在行业内积极开展信息化建设。另外，除在企业内部逐步建立信息系统外，物流企业可通过标准化的设施、设备和技术，与供应链上的其他节点企业建立良好的信息共享平台，实现智能物流信息支撑下的制造业灵活化、柔性化的生产模式，围绕我国制造业转型升级的契机，结合全国物流发展现状，重点提升物流企业的核心竞争力和可持续发展能力。

从政府、行业层面，分析工业4.0发展理念对物流行业的影响和给物流行业带来的机会，加强基础设施以及物流共享信息平台建设，为物流行业的数字化改革提供技术环境基础，使我国物流行业在智能制造、智能生产、智能配送等方面发挥关键性作用，成为我国经济的新增长点。

第二章　工业4.0背景下物流管理人才培养策略

工业4.0背景下职业教育人才培养模式教育创新研究：基于产教融合理念

工业4.0是利用物联网系统、大数据平台等，将供应、制造、销售信息数据化，推动生产制造环节的智能化，最后实现快速、个性化的产品供应。工业4.0旨在提高制造业的智能化水平，在商业流程及价值流程中通过物联网、大数据分析，以计算机技术、信息技术以及自动化技术的深度融合，实现信息技术与工业制造技术的高度交织，从而生产出更多符合客户个性化需求的产品。以往的传统流水线生产制造模式将逐步减少，企业生产边界将相对模糊，在智能管理系统下各个企业能最大限度集中优势资源，创新产品，实现与不同客户需求的精准对接。工业4.0项目由德国联邦教育及研究部和联邦经济技术部联合资助。德国西门子公司已经开始将工业4.0概念引入其工业软件开发和生产控制系统。

高职院校是实体经济人才的集中输送地，随着制造业与现代信息技术的快速发展，高职院校的人才培养应适应高度灵活的个性化和数字化生产模式。在工业4.0背景下，高职教育人才培养策略应适应产业需求。

一、适应工业4.0需求的物流管理人才培养策略

在工业4.0的技术格局下，企业的发展模式将发生翻天覆地的变化，向企业输送人才的高职院校的人才培养模式也应逐步调整。本书提出提高专业设置灵活度、灵活安排顶岗实习时间、提升教师实践教学技能、调整授课方式、搭建政校行企多层次教学平台和引导企业参与教学设计与评价等策略来优化高职院校人才培养模式，提高职业教育质量。

（一）提高专业设置灵活度

工业4.0时代的智能生产、智能物流等使企业不再简单批量生产同质化产品，而是根据不同消费者的偏好生产和提供各不相同的个性化

产品和服务，生产过程将实现自动化、数字化和智能化。[6]若高职院校按照原有的专业设置（如会计、工商管理、电子商务、金融等）进行教学，学生较难掌握共性技术，如工业互联网、大数据、云计算以及敏捷生产等。因此，高职院校需要提高专业设置的灵活度。

提高专业设置的灵活度是指可以采用专业滚动模式，在学生入学初期尽可能减少专业方向分类，分析、研究当地经济的发展趋势以及企业对员工职业能力的需求，在前两个学期根据相应岗位群内的岗位大类方向让学生滚动选课。学生不再局限于自身的专业方向。高职院校采用通识教育理念下的弹性学制，让学生以更加开放、自由的方式来安排学习，从而使学生真正学有所得，逐步养成主动探索的学习习惯。[7]随后在第二学年，学生在了解专业设置以及专业对口工作岗位之后再慎重选择专业方向，进行有针对性的专业学习，明确未来发展方向。

（二）灵活安排顶岗实习时间

一般高职院校均在最后两个学期集中安排学生的校外实训。此时学生要匹配工作岗位需求，适应工作环境，这需要一段较长的时间。而工业4.0在制造业中表现为快速敏捷的智能化生产和各种智能服务，这就要求学生在较短时间内能够理解、掌握现代企业网络化生产的理念，同时具备一定的整体战略发展思维。因此，我国高职院校应让学生快速掌握知识和技能，快速满足岗位需求。在这方面，我国高职院校可借鉴其他国家职业教育的经验。例如，德国高职院校普遍实行弹性教学管理，学生最终的学分由文化基础课学分和社会实践学分共同组成。学生可以选择在合适的时间来完成文化基础课的学分，也能合理安排社会实践的时间。周一至周五，学生可以在校学习两天，在企业实践三天。这种边学边实践的学习方式更易调动学生参与智能化生产的积极性，使学生逐步实现自身能力与工作岗位需求的完全对接。

澳大利亚的职业院校也有类似规定，即学生的成绩包括学习考试成绩和社会实践成绩。这种安排可以使学生随时发现和了解目前企业所面临的生产创新、技术挑战以及服务理念的更新，从而快速与市场需求衔接。

（三）提升教师实践教学技能

高职院校教师是职业教育的关键性因素。在工业4.0发展趋势下，提升教师实践教学技能尤为重要。高职院校可增加由企业管理人员担任的兼职教师，并适当利用这些企业管理人员所能提供的企业场地资源，加强政校行企多维教学平台建设，从不同角度提升学生社会实践能力。

另外，高职院校还应注重教师进入企业锻炼机制的完善，使教师能够在寒暑假期间甚至更长的时间内提高某一项实践技能的水平。例如，物流管理专业教师在物流企业实践学习，掌握现代物流网络化分布、网点设计、企业资源管理等知识，从而提升物流管理实践能力。尤为重要的是，教师通过到企业锻炼，可以了解智能化生产背景下大数据分析的路径、客户的个性化定制以及智能工厂对现代化人才素质的要求，这样，教师在授课过程中就能够更好地向学生传授客观、科学、与时俱进的各类知识。

（四）调整授课方式，实施理实一体化教学

在信息技术与工业技术高度交织融合的工业4.0背景下，学生的可持续发展能力和创新能力尤为关键。因此，高职院校要注重培养学生的可持续发展能力和创新能力。为此，高职院校应改善授课模式，主要通过任务导向、项目化教学等方法将传统知识点按难易程度分解到教学中，以引导学生探索、发现问题的方式来进行授课，改变以往以教师讲授为主的授课方式。以港口与航运管理专业的"集装箱多式联

运"中"港口码头布局"这一章节为例，教师可以通过任务安排，让学生根据搜索的信息设计港口码头的布局图，并根据布局图来设计相应的出货流程（包括揽货、装卸、报关、报检等整体流程）。学生完成这些基本任务后，教师总结设计过程中的注意事项。若有条件，教师可以利用政校行企多层次教学平台，让学生了解现实中港口码头的布局以及注意事项，使学生切身体会港口码头布局的科学合理性。授课模式的改变是为了让学生能够从被动接受知识转变为主动发现问题，激发学生的思考意识与探索精神，使学生能够适应工业4.0背景下对客户需求变化的快速反应和敏捷、智能生产。

（五）调整学习场所，建立政校行企多层次教学平台

在政府、学校、行业与企业合作背景下建设多层次教学平台，将课程分为教师授课部分和企业体验课程部分，学生可以在企业教学平台内体验职场工作的实际岗位职责，通过角色模拟掌握实际所需要的各项基本技能，拥有基本的职业素养，这对学生来说是非常关键的。企业体验课程学分也可算入社会实践课程的学分。这样，学生既可以学习基础理论知识，又可以通过多元化的教学平台获得衔接市场变革的先进理念，学习直接与市场需求匹配的企业先进技术、优化的生产模式等，这将大大增强学生学习的主观能动性。

（六）引导企业参与教学设计和评价

要引导职业教育与未来智能生产、智能物流对人才技能的要求相匹配，势必要建立以行业企业为主导、多方参与的教学设计和评价机制。首先，不断优化企业教学指导委员会发挥作用的机制，引导企业在专业设置、教学内容选择以及教学任务安排方面提供专业的参考意见，将工作中常用的技能（如使用计算机软件、写信函、礼仪等）加入高职院校的通识课程内；其次，将在实际工作中使用较少或者基本

工业4.0背景下职业教育人才培养模式教育创新研究：基于产教融合理念

不用的课程剔出，最大限度实现通识理念下的专业学习。

目前，针对高职院校教育质量评价的咨询公司主要有麦肯锡公司。本书在这里探讨的不是咨询公司这种专业机构制定的评价指标，只有真正的雇主单位才能清晰、准确地描述某一特定行业内企业对人才素质的具体要求。高职院校应建立以行业企业为主导、多方参与的教育质量评价机制，以动态的方式来评价职业教育质量，再将质量评价的结果引入专业建设的意见中，提高人才培养质量与行业需求的匹配度。

二、结论与启示

工业4.0的兴起为职业教育的改革提供了重要契机。教育应满足实体经济发展的需要。企业参与职业教育课程设计与评价，有利于保障人才供给与需求在质量、数量以及结构上相匹配。

在工业4.0发展趋势下，不少高职院校已经意识到培养综合型人才的重要性。要培养这类人才，需要从弹性课程体系、顶岗实习时间、授课模式、教师授课技能以及政校行企多维教学平台等多个角度做出适当的调整。

高职院校可和企业共同培养学生，将企业对人才的基本技能和素养的要求贯穿于学生接受职业教育的整体过程中。职业教育需要政府、企业、行业以及学校等多方合作，创新、改善教学模式，并通过职业教育相关法律法规的约束，确定各个教育主体的作用和地位，探索适应工业4.0发展趋势的人才培养模式。

第三章　工业4.0背景下物流管理人才培养模式创新研究

工业4.0背景下职业教育人才培养模式教育创新研究：基于产教融合理念

工业4.0主要将各种智能技术应用于制造业：一是智能生产，通过研究智能化生产系统及过程，实现供应链条件下的网络化分布式生产；二是智能工厂，包括企业的生产物流管理、人机互动以及3D打印技术的应用，通过高度智能化设备和柔性化生产模式，在分散的生产网络的企业模块中快速完成客户个性化的产品制造；三是智能物流，主要通过互联网、物联网、物流网整合物流资源，充分发挥现有物流资源供应方的作用，减少中间渠道，使客户能够快速获取匹配的产品，主要包括前端的供应链管理、生产计划（互联网技术下的订单管理）以及后端的仓储物流管理（信息技术与自动化立体仓库）自动化、数字化和智能化。工业4.0的核心在于将生产过程中的供应、制造、销售数据化、智能化，降低企业材料成本、人工成本和库存成本，最后实现快速、有效、个人化的产品供应，它的特点如下：

第一，产品需求的个性化将成为一种新的发展趋势，越来越多的终端客户将参与产品的研发、设计、制造、验证、物流、交互反馈等各个环节，基于客户个性化需求的定制化、弹性化、灵活化的小批量、多品种甚至高度柔性化的单件生产模式成为可能。实现产品需求个性化的关键在于生产模式的变革。

第二，生产方式的模块化革新。工业4.0生产理念包含由集中式控制向分散式增强型控制的基本模式转变，目标是建立一个高度个性化的低成本、高效率的制造业生产模式。为了实现产品多样性和生产过程的弹性化，企业以往大批量的生产模式将不复存在，取而代之的是将个性化产品需求进行归类，使关键的共性需求在基础生产单元得以满足，并在更细微的生产单元完善产品的其余特性，在不同模块构成的整体生产线上满足客户的特殊需求。模块组合的生产模式将是未来智能制造的重要突破领域。

第三，要实现模块化生产，生产平台的自动化、标准化程度要更高。工业4.0的关键是工业制造技术和信息技术的结合。工业4.0借助人、设备以及资源的三位一体的网络化环境，在各种终端系统实现数据信息交换、甄别、处理和维护等，从而最终实现标准化、高度柔性化的生产方式。制造业在发展过程中不断融合和集成各种信息技术，主要包括信息数据的共享和不同应用系统的对接，不同企业的生产、供应、销售信息将在同一个生产链条中实现可视化管理，从而促进客户需求响应系统和智能加工制造系统的结合，在标准化平台下快速、准确地完成客户订单。实际生产过程与业务管理系统协同之后，系统管理将更加复杂。

要提升职业教育对工业4.0的适应性，应对工业4.0对人才素质的新要求进行梳理，并根据职业教育的一般规律，探寻职业教育可以变革和创新的方向。

一、工业4.0技术对物流管理人才素质的新要求

基于工业4.0的生产系统和工业生产模式对人才的要求明显提高。①随着智能生产的推进，熟练工种将快速减少，而能动性的岗位会逐渐增加，具有创新精神的人才才能研发更好的工业产品，创造更高效的生产模块，并不断推动工业4.0模式的更新和完善。从人才的职业素养等软实力角度来看，工业4.0时代的实体企业更加注重人才的创新思维能力、数据分析能力以及敏捷反应能力。②从职业技能等硬实力角度看，未来智能制造行业将更关注人才的工业技术、信息技术等工作技能。③从人才品质来看，不同于以往机械化和自动化工业背景下对单项技术和技能的要求，工业4.0对人才的要求包括对操作数字化、智能化设备以及运用软件和信息技术等的复合要求，具备交替性工作经验和多项实操技能的从业人员将更能满足这一生产模式对职业的要求。

工业4.0背景下职业教育人才培养模式教育创新研究：基于产教融合理念

二、适应工业 4.0 需求的物流管理人才培养模式

随着工业 4.0 各项智能技术的发展，传统的人才培养模式已经不适应实体经济的需求，因此要结合政策和经济发展导向，逐步建构灵活度较大的专业滚动和课程滚动的教学模式，以使职业院校的学生掌握复合知识和技能。同时，要广泛开展校园课程与企业课程相结合的课程教学，在授课过程中注重任务导向，鼓励学生互动、参与，培养学生的创新精神和主动思考能力。此外，通过教学改革，减少学生的课时量和课时任务，鼓励其在闲暇时间进行多项社会实践以及顶岗实习，从而使其获得更多实践的机会，不断学习先进的工业技术和信息技术，提升工作技能，了解行业发展动态。（表 3-1、图 3-1）

表 3-1　工业 4.0 背景下人才培养模式变革趋势

人才培养模式	现有模式	工业 4.0 背景下未来变革趋势	关注点
专业设置	考虑区域经济发展，参照相关院校设置专业	结合政策导向，深入调研当地经济发展趋势，采用与经济匹配的专业滚动+课程滚动的专业设置方式	注重软实力的培养 ①创新精神 ②复合知识背景
课程划分	专业课与考查课	①课程分类：校园课程与企业课程 ②建立"理论基础+实践技能+能力拓展"的课程体系	
授课模式	以教师讲授为主	课程设计以任务为导向，使学生互动、参与	注重硬实力的培养 ③实际工作技能 （包括对信息技术、工业技术的掌握，工作胜任能力，等等）
社会实践	在第六学期	引入灵活的顶岗实习兼社会实践机制	
专业评价	以教育部门评价为主	以企业为主导的第三方闭环评价管理系统	

第三章　工业4.0背景下物流管理人才培养模式创新研究

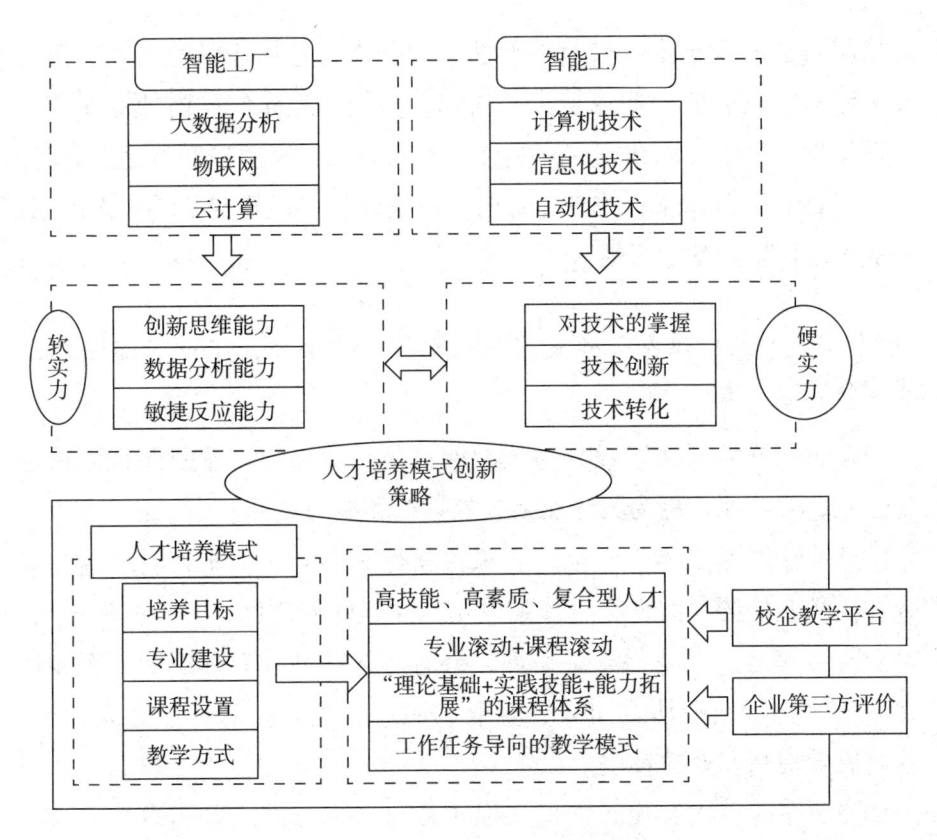

图 3-1　人才培养模式的创新策略

（一）增强课程弹性，建立专业滚动+课程滚动的教学模式

工业 4.0 强调的以智能技术、物联网技术以及大数据技术打造的全新制造业，不再简单地大批量生产同质化的产品，而是根据消费者偏好进行产品需求预测，并根据大数据分析、预测将客户所需要的潜在产品高效生产出来。这就要求高职院校的毕业生掌握信息技术和工业技术，能够满足企业的岗位需求。因此，高职院校应通过合理的专业设置，使学生掌握基本的信息技术，如工业互联网、大数据、传感器、云计算等，还要使学生掌握生产过程中的自动化、数字化和智能化各项技术。[8] 高职院校可采用专业滚动的教学模式。专业滚动教学模式

是指尽可能减少学生入校时的专业方向分类，分析、研究当地经济的发展趋势以及企业对职业能力的需求，根据相应岗位群内的专业方向滚动排课。学生可以在完成一定课时量的条件下滚动选择自己的课时。学生不再囿于自身原有的专业方向，而是逐步掌握复合型的知识体系，养成主动探索的学习习惯。

（二）建立"理论基础+实践技能+能力拓展"三位一体的综合课程体系

高职院校内部将课程分为校园课程与企业课程。校园课程注重理论基础，企业课程更为关注实践技能训练和能力提升。

（1）在授课主体方面，高职院校和行业协会、企业共同培养技能人才，校企协同，共促教育体系改革，共担课程建设，共管教学过程，共建实训基地，共享教学资源库，共育"双师型"教师团队，逐步构建政府主导、行业协会引导、企业和职业院校共担的良性育人体系，这将有效提高职业教育质量。

（2）在课程内容设计方面，以工作任务为导向，以能力培养为核心，培养方案的设计符合社会对人才专业知识和学科交叉知识的复合型需求，建立"理论基础+实践技能+能力拓展"三位一体的综合课程体系。学生可以在高职院校学习基础理论知识，在企业教学平台内了解职场工作的实际需求，通过角色模拟和完成工作任务等方式，掌握实际工作所需的各项基础技能，并反馈到校园课程中的实训项目中，以巩固各项技能。这样才能使职业教育真正实现基础技能、专业技能与行业技能训练相结合，才有助于高职院校紧跟经济发展趋势，培养智能制造时代具有创新能力和全局视野的新型高技能、高素质、复合型人才。

第三章　工业4.0背景下物流管理人才培养模式创新研究

（三）改变传统授课模式，实施工作任务导向的教学模式

在工业4.0时代信息技术与工业技术高度交织融合的背景下，高职院校毕业生的职业能力尤为重要。为了培养学生的职业能力，高职院校教师可利用工作任务导向、情境教学等方法将知识点按难易程度分解到教学中。以现代物流管理专业的"通关实务"中"通关流程"这一章节为例，学生可以根据信息先梳理一般通关环节，然后根据实训场地安排，演练货物通关的基本流程（包括报关、报检等整体流程），了解不同部门（海关、国税局等）在这一过程中相互衔接和互相支撑的内在逻辑。在学生完成这些前期基本任务后，教师总结注意事项。若有条件，学生可以利用企业教学平台了解现实中具体的通关流程。教师采用工作任务导向的教学模式，可以让学生主动发现问题，培养学生的思考意识与创新能力，提高学生的数据分析能力和对实际工作技能的了解程度，使学生在将来的工作中能快速响应客户需求，在智能信息化背景下优化工作流程。

（四）引入灵活的顶岗实习兼社会实践机制

工业4.0在制造业中突出表现为智能生产与智能工厂，信息技术与工业制造技术高度融合。这就要求高职院校的毕业生具备多维信息处理能力和流程管理能力。

在工业4.0背景下，我国的高职院校应进一步完善顶岗实习制度，把顶岗实习、工学结合以及半工半读等比较灵活的教学制度引入目前的高职体系，将固定的学制逐步转变为灵活、弹性的管理机制，培养学生的自主学习能力和职业探索能力，使社会实践成为高职院校重要的教育形式，从而加深学生对先进技术的认知程度和掌握程度，培养学生多线程、多维度的综合信息处理能力和流程管理能力，并使学生能够在企业与教师的双重指导下积极进行技术创新。

工业4.0背景下职业教育人才培养模式教育创新研究：基于产教融合理念

（五）逐步建立以企业评价为主导的第三方闭环评价管理系统

工业4.0适逢中国制造业的转型升级，职业院校将持续为中国制造业提供必备的人力资源支持。要引导职业教育与未来智能生产对人才的需求相匹配，应逐步建立针对性强、有实践改革作用的第三方闭环评价管理系统。这种评价管理系统从宏观上看，是针对学校整体教学质量的；从微观上看，是针对毕业生的复合专业知识结构、实践技能、创新能力、职业素养和职业道德的。在人才培养过程中，高职院校引入第三方评价，有利于使学生的各项实践能力与职业经验紧跟经济发展趋势，使培养出来的毕业生能真正成为企业所需要的人才。因此，建立以企业为主导的第三方评价体系，对于职业院校未来匹配工业4.0的发展尤为重要。[9]

三、促进人才培养模式创新的保障条件

随着工业4.0模式下供应链、产业链向资源共享和业务协同的方向发展，职业教育要发挥在生产要素优化配置中的基础作用，势必要进行改革，才能使学校的毕业生真正成为未来工业革新的重要推动者和践行者。《国家中长期教育改革和发展规划纲要（2010—2020年）》中指出，"建立健全政府主导、行业指导、企业参与的办学机制"。要推动职业教育改革，需要引导企业参与职业教育探索，保障学校培育的人才能基本匹配现代智能企业的发展需要，这是职业院校进行基础改革的着力点。政府可通过立法确定教育部门、企业以及学校各自的功能，厘清它们在培养人才方面的作用。

（一）制度保障——政府立法，确立高职教育各参与主体的地位

1.教育部门转变职能，由主管角色向服务角色转变

通过确立高职教育各参与主体的地位，使教育部门、高职院校以

及企业能够有序合理地开展教学活动。高职院校应与企业合作开展长期而深入的协同育人。教育主管部门应转变职能，逐步由主管角色向服务角色转变，逐步引导高职院校与企业建立长效合作机制。

2.学校为施教主体，应充分发挥作用

学校应充分发挥在人才培养、课程设置、顶岗实习等工作中的主要作用。高职院校要契合工业4.0的发展机遇，更大的办学自主权是基本保障。赋予学校施教主体地位，减小行政审批压力，让高职院校可以进行专业滚动学习、顶岗实习与社会实践的弹性学制安排，其课程体系由校园课程与企业课程组成。将办学的自主权归还给高职院校，是进行人才培养模式创新的起点。

3.确立企业在教学过程中的协助教学地位和在教育评价过程中的主体地位

使企业能够参与到教学改革探索与教学模式创新中来。企业是工业4.0发展的领导者，也是科技转化成实际生产力的重要场所。目前，高职院校办学过程中与企业挂钩的主要是专业筹建、教师到企业锻炼以及学生顶岗实习等。从合作的深度和广度来说，这不足以使企业对人才的需求要素全面渗透到教学体系中来。因此，政府部门立法还需要明确企业对教育体系建设的协助作用，使企业参与专业筹建、课程体系设计、教学过程安排、实践教学、毕业评价等。

要特别注重企业在职业教育评价中的主体地位。在工业4.0发展趋势下，以信息技术、智能制造相结合的个性化、灵活化的生产模式将快速改变现有生产模式。企业参与教学质量的评价，对于高职院校教育改革及创新有着十分重要的指示意义。企业及行业协会等外部组织参与到教学评价反馈管理中来，有助于职业院校培养的学生成为未来智能制造行业发展迫切需要的具备复合知识背景并具有综合技术、技能的创新型人才。

政府部门要根据教学规律，逐步确立企业在校企合作中的权、责、

工业4.0背景下职业教育人才培养模式教育创新研究：基于产教融合理念

利，使企业参与人才培养模式创新和教学改革能获得相应的政策优惠，引导企业愿意参与到教学管理中来，充分发挥企业在管理、教学、评价和引导教学改革等方面的优势。

4.逐步建立常态化的学校、家长双向沟通机制

增加学校与家长的常规联系和深度沟通，整合家庭资源与社会资源。一方面，学校让家长配合学校、企业开展各项教学与实践活动，使家长在工业4.0时代能通过多种方式参与到学生技能和素质的培养过程中来。这样，家长也可以更好地了解学生的技能、素养水平和未来的职业发展方向。另一方面，学校可以利用社会资源，为人才培养提供实践工作岗位及校外实践平台。

（二）教学机制保障——逐步构建校企合作的人才培养创新模式框架

随着工业4.0背景下制造业的变革，高职院校也要进行改革和创新。在捋顺办学主体之间的逻辑关系之后，则需要统筹多方教学资源，逐步建立与各办学主体匹配的人才培养创新机制，具体包括以下几点：

1.建立校企共同主导的合作机制

在专业筹建、专业课程设置、弹性学制等方面，学校和企业只有进行反复研究和验证，才能保证所培养的人才的职业能力符合现阶段企业的需求。在人才培养过程中，企业与学校还要开展比较频繁的专业指导会议，探讨各项教学资源是否能够满足教学任务的要求，如何更好地完成不同层次的能力训练。企业和学校共同开发基于工作流程的课程体系、职业能力模块培养体系等。完善校企合作的具体制度细节，是进行工业4.0生产理念下人才培养模式创新的关键。

2.建立分层次的校企实践教学课程体系

工业4.0生产模式下，高职院校毕业生胜任岗位工作需要的知识非常广泛。高职院校可建立"理论基础＋实践技能＋能力拓展"三位一

体的综合课程体系，从而培养复合型技能人才。

高职院校将课程体系划分为校园课程与企业课程之后，在第一层次的校园课程中采用弹性学制。学生合理选修基础主干课程，包括专业核心课程以及新工业模式下的拓展类课程，如计算机技术、自动化技术课程等。第二层次的综合实训项目主要针对智能生产所对应的专项知识与技能，着重培养学生的职业岗位能力，使学生掌握智能供应、智能物流等先进理念及各项技术。此阶段的教学主要是通过企业课程，在学校与企业提供的综合实训基地，完成工作环境模拟，按照生产过程让学生参与到产品设计、信息管理、数字营销以及顾客个性定制的产业链条中来。第三层次是学生的自主社会实践。在此阶段，学生根据自己的时间灵活安排社会实践，参与到企业的具体工作流程中去。社会实践不局限于第五、六学期，而是可以安排在寒暑假期间，甚至正常上课间隙，以使学生最大限度接触现阶段以互联网为基础的工业生产模式。学生在此阶段了解到自己的职业能力和职业素养的不足，回到学校和企业共建的实训平台中进行有针对性的训练和提升。

3. 完善第三方的闭环评价反馈管理体系

在人才培养方案以及人才管理模式创新发展的趋势下，适当的评价、监督与反馈是必不可少的，也是使人才质量符合市场预期的重要保障。要建成以企业为主导的第三方评价体系，一方面要通过立法确立企业的评价主体地位；另一方面要结合行业企业发展趋势，对评价结果定期进行反馈、分析，了解学校在专业设置、人才培养模式等方面的不足，并提出改进建议和意见，在下一学年着重对这些存在的问题进行解决，使教学目标始终能紧跟经济发展大潮，形成人才培养的闭环管理过程。

从长期看，闭环评价系统包括评价、跟踪反馈、修整和再评估等一系列完整的动态管理过程。第三方企业或行业协会对高职教育质量进行评价后，跟踪了解毕业生一个时期的职业状态（包括职业能力考评和职业发展测试等），随后根据多方意见，提出目前高职院校在应对工业4.0时仍然需要改进、完善的内容，促进人才培养方案的细化和更新，推动高职院校的长远可持续发展，真正做到校企合作，工学结合。

（三）可持续发展保障——引导学生参与社会服务与创新成果转化

在校企合作协同育人框架下，改革教学模式，引导学生在规范的市场契约框架下参与公益类和市场类的项目建设，使学生从多个维度了解知识的多层次性以及市场需求的不断变化。教师根据任务导向来完成教学任务，不再拘泥于课堂的教师主讲授课模式，而是以实际工作任务为导向来授课（包括校园课程与企业课程）。高职院校通过让学生实践操作（如参与市场化项目或者公益项目）来对接实体经济。[10]此外，高职院校也要积极参与科研创新成果转化。这样，高职院校一方面可以与企业协同创新，加强科研成果转化，以服务于智能制造行业发展，满足实体企业实际需求；另一方面可以利用企业的人才、场所、技术、设备等进行校外仿真训练，提高实践教学水平，培养具有创新精神的技术技能人才。

四、工业4.0背景下服务物流行业的多方协同育人框架

（一）工业4.0背景下物流管理专业政校行企协同育人平台建设

1.服务物流企业，政校行企协同共育物流技能人才

高职院校和物流企业共同培养物流技能人才，校企协同共议人才培养方案，共促课程体系改革，共担课程建设，共管教学过程，共建实训基地，共享教学资源库，共育"双师型"教师团队，共融校企文化，共通职业渠道，使各个办学主体构成良性的职业教育网络。

第三章　工业4.0背景下物流管理人才培养模式创新研究

在工业4.0智能物流发展趋势下，具有决策权的制造车间、运输车队和仓储部门均将依靠智能设备和柔性化生产过程、运输路线来提供定制化、个性化的产品和服务，借助高度柔性化、高度适应性的智能物流系统完成物料配送和产品配送。这就对未来物流人才提出了更高的要求，物流人才不仅要掌握基础物流活动中的装卸、搬运、配送等业务活动，还应注重中高层物流管理业务。物流人才既要有基本的物流专业基础知识储备，如外贸单证、国际贸易、采购供应等科目的内容，还应注重基础技能延伸方面的高级技能。因此，高职院校应通过与物流企业合作，明确培养物流管理类高素质、高技能、复合型人才的教育目标，建立"横向贯通，纵向延伸，多层次拓展"的人才培养立交桥平台。

首先，政府需要立法保障企业的教学主体地位，发布企业参与职业教育人才培养的制度性文件，包括引进学徒制以及开展一系列深度校企融合的有益探索，从而吸引物流企业愿意抽出部分精力来参与教学改革。只有真正的雇主单位才能深刻了解行业所需的人才素质的具体要素，在进行物流管理人才培养方案设计时，才能紧跟市场需求变化，并不断更新和快速完善授课过程中的相关专业知识和技能。政府需要引导企业参与物流人才培养、引领人才培养发展方向，引导职业院校对接智能物流企业对人才的需求，向地方输送技术技能人才，促进企业经济效益提高，鼓励企业为自身长远发展而长期参与人才培养。

其次，引入弹性培养方案，协调实践课程与理论课程的比例，关键是减小理论课程比例，释放给学生相应的自由时间，用于社会实践。高职院校建设多维教学平台，将课程分为由教师授课的基础教学部分和学生去企业体验的课程。高职院校和企业合作，建立企业教学课室，让学生可以在企业教学平台内体验工业4.0模式下物流企业职场工作的实际岗位职责，通过角色模拟、工作流程实操掌握物流行业需要的各项基本技能和培养对应的职业素养。以制造车间工作为例，从横向来

工业4.0背景下职业教育人才培养模式教育创新研究：基于产教融合理念

看，学生需要掌握智能设备的调试、应用、故障排除等，还需要了解未来物流活动中的柔性制造对物料需求、订单管理等的信息处理和更新。从纵向来看，学生要能够在智能制造这一板块的实践之余，学习高效地与运输、仓储等纵向工作环节对接。在设计这种多层次教学平台时，考虑企业作为教学主体，构建不同模块的知识和技能体系，提炼各模块不同的技能重点，配合高职院校的教学过程，通过不同模块的任务布置，使学生根据自身能力和兴趣，掌握某一重点模块并兼顾其他智能物流环节的学习要点。此外，通过校企协同育人平台，整合物流企业与高职院校的校内实训室和校外实训基地资源，促进高职院校教师与企业管理人员的人才双向流动，提升教师的实操技能与企业管理人员的理论知识水平。

2.对接物流产业，政校行企多方共建物流综合研究实验室

在物流企业与学校共同开展多层次的立交桥式教学平台建设的同时，多方主体还需要共建企业导师与学校导师主导的物流综合研究实验室，它主要为政校行企协同育人体系保驾护航。其主要作用是对目前人才培养在应对工业4.0时存在的不足进行定时总结、归纳，打破现有的职业学院教学管理的限制，引进弹性人才培养方案——鼓励学生开展多种多样的灵活的社会实践，以社会实践代替部分基础课程，进行学分互换，并提高职业院校更新课程体系的速度，逐步构建高度灵活化及适应性强的教学模式。[11]

物流综合研究实验室要分析地方产业转型升级的规律，研究物流人才规模和变化趋势，并分析在工业4.0模式下物流管理核心技能变化趋势；使高职院校明确人才核心技能并开展广泛而深入的基于政校行企协同育人平台的技能培养，提供校企双向交流平台，从物流企业中甄选优秀企业的岗位招聘信息，使更多的物流管理专业毕业生可以获得职业发展机会；鼓励用人单位对所聘用的员工进行职业能力测评，并将测评结果提交到物流综合研究实验室，以此了解物流行业员工实

第三章 工业4.0背景下物流管理人才培养模式创新研究

际的技能水平。

另外，物流综合研究实验室还应通过加强对物流管理专业建设过程的引导和监控，促进该专业与物流行业的长远有序、协同发展。一方面，可以进行物流院校的科研成果转化，从而不断为智能物流提供新技术，为当地物流产业转型升级提供智力支持和人力资源；另一方面，引导物流企业开展与职业学院的横向课题项目合作，如解决物流企业内部的技术难题、发展困境等，通过项目合作，加强企业与职业学院之间的战略合作，促进企业效益提升。

3. 政校行企共建物流行业技能认证平台

在工业4.0发展趋势下，物流行业的各类人才除了具备基础的理论知识以外，更为重要的是达到物流企业和行业互认的职业技能水平。尤其在智能物流背景下，职业技能的综合性与复杂性大幅提升，开展广泛的政校行企共认的职业技能认证体系建设十分关键。目前，学校组织学生考核的技能层次包括初级物流师、中级物流师等，更多地关注物流基础知识，而较少关注物流企业各项基础技能和核心技能，因此一些企业对学生是否获得这类证书并不在意。这就需要行业协会、企业及职业院校在政校行企协同育人平台下，共同研究、制定属于这一行业的职业标准和职业技能准则，并逐步开展针对物流管理人才技能的专门培训、认定等，做好物流管理人员的个人职业记录，并结合目前我国的职业资格技能分类，即初级（五级）、中级（四级）、高级（三级）、技师（二级）和高级技师（一级）五个等级，将学校与企业合作互认的资格认证引入目前的职业资格体系中来，并逐步向物流行业内推广。[12]

另外，根据工业4.0的不同发展阶段，逐步进行物流管理人员的职业技能水平提升，在协同育人平台体系内，建立物流管理人员的职业技能档案，提供终身物流职业规划和再培训计划，保证物流行业从业人员都具备适应工业发展趋势的基本能力、素质，在一定程度上提升物流行业发展水平，促进物流行业的转型升级。

4.完善政校行企协同育人平台，推进物流职教集团发展

职业教育集团是职业院校、行业企业等组织为实现资源共享、优势互补、合作发展而组织的教育团体，是近年来我国加快职业教育办学机制改革、促进优质资源开放共享的重要模式。建立物流职教集团，可以较好地协调物流企业以及物流相关职业院校等办学主体的利益，有利于整合多方力量，结合物流发展趋势，统筹集团内企业和职业院校的人才、技术以及各类硬件和软件资源，集中攻关推动物流行业发展的技术课题，健全政府主导、行业指导、企业参与的物流职业教育办学机制，深化职业教育校企合作，在实训基地建设、教学资源共享、课程建设、科研成果转化等方面协同合作，以物流行业需求为导向，系统培养物流行业技能型、应用型人才，提高人才培养质量，推动现代物流职业教育体系建设。

五、结论与启示

本章结合产教融合，分析了人才培养模式创新的可行性方向和思路。真正实现协同育人的关键在于搭建政校行企多维育人平台，使各个机构和部门能够嵌入职业教育过程中，特别是政府、学校、企业和行业协会等多个组织主体在统一的协同育人框架中进行统一、有序的顶层制度设计，并根据现有的管理体系，发挥各自的作用和效能。

本章重点探讨了如何创新、调整专业设置、课程划分、授课模式、社会实践、专业评价等人才培养细节，使人才培养前端、中端以及后端全方位对接产业岗位需求，例如，在人才培养前端，企业、行业协会、职业教育咨询机构共同确定人才培养方案和课程体系，使其对接产业岗位技术和素质要求；在人才培养中端，由企业主导，学校和企业共同依托校内实训中心、校外实训基地以及各类线上线下资源完成

育人过程；在人才培养后端，基于第三方机构和企业共同标准，判定人才质量是否符合岗位能力要求。

随着工业4.0等信息化技术的不断发展，如若不对物流管理专业人才培养过程进行全面深度数字化转型，那职业教育培养的专业人才在进入工作岗位后可能较难适应信息化网络下的基本岗位要求，更谈不上为行业高质量发展赋能的可能性。由此，在接下来还将通过调研物流行业智能化升级，确认现阶段以及未来行业岗位所需人力资源的典型特征——岗位胜任力结构，了解这些岗位素质的构成特征，并深入分析促进这些素质形成所需的育人框架和制度设计。

在接下来的研究当中，还将根据国内外相对比较成熟的育人模式，提炼和归纳其关键的构成要件，对比分析现阶段的职业教育物流管理专业育人模式，随后将这些组成部分有机衔接到育人框架中来，并提出促进人才培养模式创新的保障条件，包括制度保障、教学机制保障和可持续发展保障等。要形成这些保障机制并非单纯依靠学校主体可以完成，还需要多方主体参与，以及真正通过政府引领、企业主导和学校参与等多方协同合作机制。

第四章 工业4.0背景下的物流管理人才胜任力培养

工业4.0背景下职业教育人才培养模式教育创新研究：基于产教融合理念

工业4.0是德国最先提出的智能制造与智能物流相结合的生产模式。借助互联网、物联网以及现代信息技术，将制造型企业以模块化形式嵌入产业链条，通过智能配送，实现快速、敏捷、灵活、弹性的定制化生产模式，减少企业各种原材料库存，缩短用户的等待时间，实现全面自动化的智能生产模式。在工业4.0背景下，物流行业的复杂性和信息化程度大幅度提升。具有整体统筹思维、具备信息化基础以及掌握智能物流设备实操技能的复合型人才将更受市场青睐。我国的高职院校物流管理专业应注意培养这样的复合型人才。

中共十九大报告中明确提出要"完善职业教育和培训体系，深化产教融合、校企合作"。深化产教融合，促进教育链、人才链与产业链衔接，是当前推进人力资源供给侧结构性改革的迫切要求。产教融合引导教学过程与生产过程对接、学校人才培养与企业岗位需求对接，是解决目前职业教育人才供给体系与现实人才需求矛盾的重要办法。国务院办公厅2017年发布了《国务院办公厅关于深化产教融合的若干意见》。高职院校在当前迫切需要"引企入教"的教学改革，学校教学应与企业联盟、与行业联合、同特色园区联结，让企业深度参与高职专业课程开发，以适应国家人力资源供给侧结构性改革。

随着工业4.0的发展，物流行业将发生显著变化，这将对职业教育物流管理专业人才培养产生深远的影响。这实际上是产教融合的出发点——产业技术变革推动教育改革，使职业教育培养的人才满足产业智能化转型背景下的岗位需求。基于此，通过以工业4.0为契机、以国家产教融合政策为指引、以政校行企协同育人为载体、以社会多方教育主体跨界合作为基础、以实现职业教育人才质量与实体经济供需契合为核心的逻辑框架，构建新形势下的教学服用一体化的职教格局，并从政策层面、行业层面和社会层面全面推进工业4.0背景下的可持续发展的职业教育新模式的实施。

在工业4.0背景下，随着实体制造业的发展，物流企业不仅要面

第四章 工业4.0背景下的物流管理人才胜任力培养

对终端用户,还要串联起整个生产链条、制造链条和销售链条,在这一过程中配备的物流设备的自动化程度将更高,这对人才的职业技能、职业行动能力以及职业素养都提出了全新的要求,复合型的物流管理类从业人员更能适应行业变革。企业参与职业教育,积极参与产教融合,有利于使人才胜任力匹配市场需求,实现物流企业与职业院校的双赢。

一、工业4.0背景下物流管理人才胜任力特征

在工业4.0背景下,人们之所以更加注重推动物流企业与职业院校的产教融合进程,是因为新技术条件对智慧物流从业人员的胜任力提出了更高的要求。师慧丽构建了工业4.0时代技术技能人才的能力模型,包括职业专业技能维度、职业行动能力维度和职业素养维度(表4-1)。[13]

表4-1 工业4.0背景下的物流管理人才胜任力特征表

人才胜任力维度	具体特征
职业专业技能维度	物流通识基础、物流实操技能、智慧物流技术、智能供应链生产技术
职业行动能力维度	信息获取、反应、信息决策、计划调整控制以及评价反馈供应链效率
职业素养维度	基本职业素养、决策能力、敏捷反应能力、创新精神

职业专业技能维度是指综合掌握各类物流通识基础和物流实操技能,并了解一定的智慧物流技术,具备智能供应链工业生产知识及技术等。这既是新形势下职业教育人才培养过程中的重点,也是未来从事智能物流管理行业的综合型、技能型人才的专业基础。

职业行动能力维度指的是物流企业在运作过程中以工作任务为核

心的智能物流信息获取、敏捷反应、信息决策、计划调整控制以及评价反馈供应链效率等多个方面。完整、流畅的工作业务流程需要物流管理人员具备基本的反应、决策、行动能力，能从大量复杂的供应链构成模块堆积的信息中筛选出有用的客户资源，并确定能给企业带来价值增值的智慧物流服务模式。伴随着新技术对实体物流业的不断渗透，物流管理人员的职业行动能力将推进智慧物流各工作岗位之间的有效衔接，也能更好地推动综合性、复杂性智慧物流任务的高效完成。

职业素养维度代表着物流管理人员推动工作任务完成的内驱力。首先，物流管理人员必须具备智慧物流行业所需的基本职业素养，如沟通交流能力、团队合作能力、时间观念以及契约精神等。其次，工业4.0环境下企业的制造过程以模块化嵌入整体供应链，智慧物流供应链内外部、组织之间的模块化合作以及市场需求信息的瞬息万变要求物流管理人员能够果断决策，积极梳理各类繁杂信息。因此，物流管理人员还需具备敏捷反应能力，积极协调多方主体参与智能制造的整体流程。流程优化、供应链重组以及服务模式更新则需要组织成员具备创新精神。

以上三个维度构成了工业4.0背景下物流管理人才的胜任力特征。

二、促进物流管理人才胜任力形成的基本路径

（一）推动企业参与，构建校企双主体合作办学模式

2019年3月，国家发展和改革委员会、教育部发布《建设产教融合型企业实施办法（试行）》，将"产教融合型企业"定义为"深度参与产教融合、校企合作，在职业院校、高等学校办学和深化改革中发挥重要主体作用，行为规范、成效显著，创造较大社会价值，对提升技术技能人才培养质量，增强吸引力和竞争力，具有较强带动引领示

范效应的企业"。这是国家对产教融合主体的确定性描述，突出了这类企业在人才培养、教育改革以及社会发展中的重要作用。要实施校企双主体办学模式，除甄选合适的企业之外，还需要解决的核心问题是建立企业参与职业教育的驱动机制。

董树功、艾颇指出，产教融合型企业参与职业教育的动力机制分为企业内在利益的诱导机制，以及企业外部环境要求的政府推动机制、资源约束机制和市场驱动机制。[14]从企业参与产教融合的多维促进机制来看，目前我国在推动企业参与职业教育方面可谓不遗余力。例如，香港职业训练局是当地的职业教育主管部门，其分管的香港知专设计学院曾参与招商银行行服设计项目，教师和学生组成合作团队，与企业合作，共同完成行服的设计与制作，最终获得招商银行的认可。随后香港知专设计学院还参与了粤剧戏服的制作，戏服被演员用于戏剧表演。通过这种常态化的校企合作，学校教学团队主动融入企业发展规划，向企业提供迫切需要的项目化服务。这样，企业减少了聘请专业服装设计团队所需耗费的固定人力成本；学校老师和学生通过参与企业真实项目，更清晰地了解了企业运作的流程，提升了专业素养和专业技能；为学生打开了真实工作实践的大门，使他们更好地对接企业需求，并不断修正、调整和完善自身的技能，以获得更多的锻炼机会，提高动手能力和沟通能力。香港知专设计学院提供了企业与学生沟通、合作的桥梁，并以良好的资源条件保障了企业任务与职业院校学生的顺利对接，在行业内树立了优质的品牌，为后续深化产教融合提供了可能性。

在工业4.0背景下推动智慧物流企业与职业院校的产教融合，要建立企业参与人才培养的驱动机制，促进校企双主体合作办学模式的形成。

从企业外部看，政府给予物流企业相应的税收优惠与专项经费支持，这在一定程度上抵扣了企业在参与职业教育过程中投入的人力、

工业4.0背景下职业教育人才培养模式教育创新研究：基于产教融合理念

物力成本等，以使企业免除后顾之忧；还可以针对产教融合型企业建立社会责任驱动下的外部激励机制——在地区设立产教融合优秀企业公示名单，提高企业品牌的知名度与美誉度；对于参与职业教育的企业可以在申请贷款、招商引资等方面给予相应的政策倾斜。

从企业内部看，物流企业可以通过校企合作开发物流各类应用项目，推进物流技术、物流应用解决方案的成果转化与利益共享，可以获得除学徒班等形式的人力资源以外的其他关键资源，降低企业研发成本与各类创新智能服务计划和企业发展战略的咨询成本。物流企业参与到职业教育整体流程中来，形成校企双主体办学模式，是工业4.0背景下产教融合的起点。

从学校来看，高职院校组建由教师和学生共同参与的师生项目化团队，着手解决企业迫切需要解决的现实问题，除为企业提供人力资源支撑以外，还可以与企业合作开展技术研发和技术成果转化等。这样能使企业获得实际收益，使校企合作完成职业教育过程，使长期参与企业项目的学生真正成为行业内的重要卓越人才。

（二）校企共同构建以职业能力为导向的综合课程体系

校企共同开发的课程是职业教育产教融合的重要载体。物流企业参与职业教育，有利于构建以职业能力为导向的综合课程体系：基于物流专业技能、物流行动能力以及物流行业职业素养三维导向的立体综合性课程体系。该课程体系对人才培养的重要性不言而喻。在工业4.0背景下，高职院校根据智慧物流的职业标准，将职业能力培养分解到具体课程中。例如，高职院校要使物流管理专业学生具备供应链管理的思维能力，则开设智慧供应链管理课程。学生可以在学校进行理论学习，在企业进行综合实训，加强对供应链管理流程以及上下游企业之间工作衔接的认知；也可以借助企业开发的实训仿真软件，在平台完成订单管理、智能物流配送等由工作岗位衍生的具体任务。

除常规核心课程之外，智慧物流企业可以开发、设置相应的企业选修课程。学生根据自身的具体情况进行选课修读，并可以获得一定的学分。这些企业课程主要是根据智慧物流工作内容设定的，如物流供应链管理工作要点、进出口国际物流沟通能力培养等紧扣具体工作任务的课程，这些课程由物流企业专业人员主讲，讲授形式和场景不限。

除了各类型物流企业参加职业教育，智能物流行业协会对职业教育也具有重要的指引和协助功能。一方面，智能物流行业协会对国家各项相关指引性政策进行解读，对物流企业参与职业教育的基本方式与途径进行规范，以确定物流企业参与职业教育的深度和广度，使企业能够明确在新技术条件下参与人才培养的责任和义务；另一方面，智能物流行业协会可以统筹各类不同物流服务企业，共同开发各种针对智慧物流活动的课程，如智慧物流发展规划论坛、智慧物流解决方案沙龙、智慧物流应用技术集锦等，增进学生对物流行业发展趋势的了解，使学生针对未来自己可能从事的工作制定长远的规划，发自内心地热爱与持久投入工作。

（三）校企共同打造以职业任务为导向的新型教学模式

打造以职业任务为导向的新型教学模式，实际上需要企业、行业协会与职业院校共同确立新技术条件下智慧物流各岗位的职业标准和职业要求，在此基础上设置立体多维课程，并根据职业任务来构建科学合理的教学模式。这种教学模式是指根据产教融合的教学理念，在教学过程中必须遵循的教学程序和各种方法要素的组合策略体系。

以物流管理专业核心课"仓储与配送"为例，原来的授课方式是教师在理论课上讲解仓配的重点，然后在实训课程中穿插进行仓储与配送的任务模拟，包括货物的入库、上架、组托、分拣等。在新技术条件下，仓储与配送等工作都是通过智能化手段进行识别和区分，并

工业4.0背景下职业教育人才培养模式教育创新研究：基于产教融合理念

借助自动化设备进行分拣和输送。其大致的工作任务既包括对智能化、网络化、信息化系统的决策和调整，也包括对管理系统和控制系统的整合与设计。

"仓储与配送"这门课程的教学可以采用以职业任务为导向的新型教学模式。首先，智能物流企业将仓储和配送两个工作岗位的基本从业标准详细列出；企业和学校根据职业标准，整理具体工作任务的细项，在此基础上提炼出这两个工作岗位所需的核心职业能力，针对不同职业能力建立课程体系模块。其次，教师在教学过程中，基于智能仓配的工作情境，依托仿真实训平台，归纳工作背景。工作背景描述得越清晰越好，这有利于培养学生的角色代入感。再次，教师将智能仓配的具体工作任务交给学生，引导学生完成信息决策和各种软件与硬件系统的衔接。在这一过程中，教师重点引导学生学会解决问题的思路，而不直接提供解决方案。比如，在遇到难以解决的操作难题时，学生可以通过各种校企连线平台向企业专家咨询，并在项目日志中记录任务的进展以及具体的问题解决路径。最后，在完成所有以职业任务为导向的课程教学后，学校教师与企业专家共同对学生完成的方案进行评价和分析，对学生学习过程中存在的困难和技能上存在的共性不足进行补充指导，或者在后续的实训课程中再进行有针对性的强化训练。

职业任务导向的新型教学模式不过分关注物流基础知识，而是重视教学过程中项目任务的完成过程以及学生在课程学习中获得的职业技能。课程体系是围绕智能物流岗位胜任力模型的三个维度建立的，那么教师在授课过程中依托职业岗位任务与项目对学生进行这三个方面的锻炼和培养，从而使物流管理专业的学生能够获得扎实的技能，提高职业行动能力，提升职业素养。

事实上，产教融合不是职业教育孜孜追求的目标，而是通过企业参与职业教育的全过程，依靠根据职业标准构建的以职业能力为导向的课程体系，结合以职业项目任务为导向的授课模式，向学生传导智慧物流发展的必备综合技能、能力和素养，从而实现人才资源供需匹配。

（四）校企跟踪评价人才质量

校企合作，通过课程体系和灵活的授课模式，培养学生在新技术条件下的岗位胜任力。然后校企跟踪评价毕业生就业动态，并通过问卷调查法、座谈法和线上评价法等，了解学生专业技能、行动能力以及职业素养是否匹配智慧物流工作岗位的需求。与此同时，高职院校根据毕业生和企业共同反馈的在工作岗位中比较缺乏的关键技能和知识，进行教学研究，考虑是否通过课程体系或者培训计划将这些技能和知识纳入下一年人才培养方案中。在这种合作格局之中，实施关于智慧物流人才核心胜任力动态调整的评价反馈闭环管理。

工业4.0背景下实体制造业的不断发展对物流行业提出越来越多的新要求。因此，职业院校应通过提炼人才胜任力特征，持续更新和调整人才培养方案，再根据人才培养方案，与行业协会、企业合作开发关键课程，多方持续共同参与育人过程，进行多种形式的校企合作。通过校企共建现代智慧物流实训基地、现代物流学徒培养以及智慧物流合作项目，提高校企合作的深度和广度，使企业在育人过程中也能收获除社会效益以外的经济效益。

三、支撑职业教育与物流行业融合发展的保障条件

（一）制定明确企业办学主体地位的法律法规

目前，要推动职业教育与产业的深度融合，必须借力于物流企业的积极参与。企业作为职业教育开发人力资源的直接获益者，要主动

参与到职教体系中来，还需要一系列法规的保障与引导。

明确企业作为职业教育重要办学主体的功能定位，是推动工业4.0背景下职业教育与智慧物流行业融合发展的重要起点。与此同时，企业作为独立的市场组织，以营利为目的，通过何种方式嵌入职业教育、如何发挥在职业教育中的作用以及企业渗透职业教育的程度和界限等，也迫切需要规范和指引。因此，应制定明确企业办学主体地位的法律法规，确定企业的社会责任与经济补偿机制、与职业院校的合作框架和模式以及各类产学研项目合作的基本界限与利益共享框架等，使物流企业在新的技术背景下能够享有相应的职业教育主导权，从而驱动物流企业参与到物流管理专业人才培养过程中来。

（二）构建智慧物流人才胜任力特征模型

评价企业、行业协会、政府及学校共同参与的人才培养模式是否符合产业发展的需求的重要参考依据就是智慧物流人才适应岗位的程度。目前，工业4.0的产业发展理念已逐渐深入人心，然而智能物流以及智能制造人才培养的具体路径还在摸索之中。根据产业的动态发展，构建智慧物流人才胜任力特征模型是非常必要的。通过这一模型的评价参考指标，可以随时检验人才培养过程是否科学合理、人才培养质量是否匹配行业发展需求。若高职院校发现部分物流管理专业的学生的能力无法匹配工作岗位的需求，则通过人才评价反馈，了解是学生自身的学习存在问题，还是人才培养过程中存在不足与偏误，进一步调整下一个学年的人才培养方案，包括课程体系的重构与教学模式的改善等。总之，构建智慧物流人才胜任力特征模型，有利于政校行企多方主体在职业教育与产业融合过程中有的放矢，而不至于出现过多的随机性失误。

（三）建立智慧物流与职业教育产教融合资源库

产教融合的最终目标是使人力资源匹配行业发展需要，这就需要进行课程体系和教学模式的创新，这些改革离不开一个综合了各方主体需求的教育资源库。教育资源库汇总各地智慧物流与职业教育的人才培养研究案例、新授课模式、物流企业参与职业教育的合作形式、人才培养模式、各地智慧物流人才胜任力特征的变更等。建立这样一个产教融合背景下的教育资源库，便于各地高职院校之间的交流和资源共享，可以使各个院校就智慧物流人才培养模式的大体方向进行交流，可以有效提升课程体系的多元性，保证教学模式与时俱进，从长远看更有利于职业教育人才质量与产业需求的契合。

（四）建立人才成长档案

多方努力共建的职业教育协同育人机制的最终目标是培养满足智慧物流产业需求的人才。高职院校可对从事智慧物流行业的毕业生进行长期定向跟踪调查，建立人才成长档案；根据其职业发展路径，判别在较长周期内哪些关键的职业技能、职业行动能力以及职业素养有助于职业晋升；也可以探析这些关键因素与毕业生绩效表现是否存在强因果关系，为下一步的智慧物流行业与职业教育协同发展提供事实依据。

四、结论与启示

产教融合实际上是推动高职院校专业建设与实体经济相互赋能的重要渠道。本章分析了基于产教融合理念的物流管理人才胜任力特征及人才胜任力培养路径，围绕职业教育物流管理专业人才技能培养，推动多方主体聚焦人才质量提升，发挥各自的作用，实现行业岗位需求与职业教育人才培养的精准匹配和有效链接，使高职院校培养的人才真正成为促进实体经济发展的人力资源。

下篇：
产教融合背景下职业教育的适应性研究

第五章　高水平专业群适应性的内涵意蕴

工业4.0背景下职业教育人才培养模式教育创新研究：基于产教融合理念

近年来，伴随着数字技术对实体经济的渗透，作为一种新经济形态，数字经济以数字技术为核心驱动力，通过新技术形成新产业、新产业催生新模式、新技术赋能传统产业等路径，推动区域经济转型和区域经济高质量发展，使不少职业岗位群及其核心岗位技能发生了巨大变化。作为技术技能人才培养的载体，传统专业建设较难满足日益复杂的实体产业变革的需要，高水平专业群应运而生。

2019 年，教育部、财政部印发《教育部 财政部关于实施中国特色高水平高职学校和专业建设计划的意见》[15]，我国正式实施中国特色高水平高职学校和专业建设计划（简称"双高计划"），旨在聚焦高端产业和产业高端，重点支持一批优质高职学校和专业群率先发展。这也是我国高等职业教育发展历程中第一次在政策文件中把专业建设置于与院校建设同等地位。[16] 首批国家"双高计划"涵盖全国 197 所高职院校和 253 个高水平专业群，其中，入选高水平学校的 56 所高职院校均有 2 个高水平专业群，其余 141 所高职院校均有 1 个高水平专业群。各个省份也纷纷开展"双高"建设。高水平专业群建设是中国特色高水平高职学校和专业建设计划的重要内容，包括专业群编组策略、专业群平台课程开发策略以及专业群持续发展机制等。[17] 专业群作为培养职业技术人才的新型孵化器，是我国职业教育服务区域经济的重要媒介，也是使职业教育适应产业布局和技术变革的重要实践探索。产业技术变革催生了职业教育高水平专业群。要使高水平专业群适应产业发展需要，就要明确高水平专业群适应性的内涵及提升高水平专业群适应性的实践模式。

一、高水平专业群适应性的内涵意蕴

2020 年党的十九届五中全会明确提出要"增强职业技术教育适应性，深化职普融通、产教融合、校企合作"。政府大力推动高水平专业群建设，旨在让高等职业院校以高端技术技能人才的培养来助推实体产业发展，以优质职业教育资源开发和共享来促进高职教育国际化发展，以服务社会多元化生源来推动社会充分就业。[18]高水平专业群的适应性提升的落脚点在于高水平专业群为实体经济发展提供的集聚效应和服务效应——包括人力资源支持和技术积累，从而实现人才培养和产业岗位需求的全方位融合。高水平专业群作为联结产业需求和人才培养的先行军，相较于以往的专业建设模式，更强调以质量和效率为目标，以体制改革和制度创新来激发内在活力和发展动能。高水平专业群适应性的内涵至少包含以下四个方面：

（一）适应区域产业布局

高水平专业群无论是基于共同的产业链依托、共通的学科基础、共享的教学资源组建，还是基于相关的专业目录组建，都要承担起为区域产业转型升级提供人力资源支持和技术积累的社会责任。高水平专业群建设从宏观层面适应区域产业布局，使职业教育高水平专业群培养的学生能够为区域经济转型升级提供智力支持，推动区域充分就业。一方面，在高水平专业群建设之前，高职院校需了解区域重点对接产业的发展现状、发展模式与发展阶段，产业链的空间分布特点，职业岗位分布的集中度，等等。通过熟悉区域内产业经济的基本情况，确定专业群人才培养的基本思路，是建设高水平专业群的起点，也是增强高水平专业群适应性的重要抓手。另一方面，在高水平专业群建设过程中，高职院校需了解区域外乃至国际重点对接产业的发展趋势。通过调研和分析本地区以外产业的发展动态，可以预判产业的不同发展阶段及未来走向，从而确定专业群可持续发展的方向，进一步引导专业群从服务和对接产业发展向引领产业经济转型升级迈进。

（二）适应产业技术变革

技术变革是促进高水平专业群发展的重要推手。随着数字技术、物联网技术、云计算以及工业4.0对制造业发展的不断推进，技术变革的显著特点是企业不再是具有独立鲜明边界的生产主体，而是在产业链统筹管理下成为复合网络下的多维生产节点，各个企业在高度信息化条件下共同组成一个高度灵活的生产有机整体。在这种先进制造生产模式下，高水平专业群必然要适应产业技术变革带来的各种产业新形式、新业态和服务新模式等。例如，新型制造业依托物联网、大数据来匹配生产端和需求端，以最快速度满足客户弹性化、个性化需求。那么，高职院校在人才培养过程中则应以综合跨界、系统协调的思维，根据所服务的区域产业集群中不同职业岗位群的动态变化来进行课程开发和持续发展机制构建。与此同时，高职院校还应明确与对接产业技术水平相匹配的人才培养侧重点——敏捷反应能力、供应链管理能力、信息技术处理能力等与传统技能相得益彰的各种能力。

（三）适应岗位的多维联系性

由于产业布局和产业技术变革，以某个专业对接产业的做法不能完全涵盖岗位群的核心技能要求以及职业岗位标准。而高水平专业群是基于所服务的区域产业集群中不同职业岗位群相互关联、相互渗透而构建的统一人才培养新载体，一些专业群可能对接的是与产业横向相关的平行岗位群，而其他专业群对接的是与产业纵向相关的上下游岗位群，这些专业群对接的岗位甚至有可能处于整个生产网络中纵横交错的位置。[19]另外，还有一种情况，即某种岗位在不同生产网络中对应的模块各不相同：可能在某一产业链中处于生产制造模块，而在另一产业链中则处于订单处理和售后服务模块。在技术变革背景下，各个职业岗位将呈现出复合散射、多维联系的状态，出现跨行业、跨企业、跨领域的情况。这对高水平专业群的人才培养目标、课程内容、课程体系以及教学主体的多维性的要求就将显著提高。实际上职业教育适应岗位的多维联系性，也是适应产业布局、适应技术革命的内在要求。

（四）适应外部环境的动态发展

高水平专业群除了适应产业空间布局、适应技术革命、适应岗位变化等，还需适应外部经济格局、产业成长周期等的动态发展。例如，构成专业群的各个专业并不是简单地组合的，而是适应产业不同周期，具有灵活性的。构成专业群的各个专业并非一经确定，就无法增、减或者重新组合。高职院校可对产业进行深入调研，根据调研结果对各专业进行增益性调整。比如，某些产业岗位的功能已经逐步退化，那么高职院校可逐步弱化这些岗位主要对接的专业在专业群中的作用；某些产业在大批量进行"机器换人"等数字化转型，那么在专业群整体进行数字化升级的同时，各专业内教学理念、人才培养方案、课程体系、教材资源、教学信息化手段、教学场景等都需要进行调整。[20]基于此，高职院校应在专业群内构建面向复合职业岗位群、学科资源互补、技术基础协同的动态综合育人链条。专业群对职业岗位的适应性是决定专业群适应外部产业布局、技术变革的基础，也是使职业教育适应产业经济需要的关键。

二、促进高水平专业群适应性提升的制度设计

（一）外部：构建多方协同的高水平专业群建设框架

1.建立区域高水平专业群咨询机构

对接和服务区域经济发展，是职业教育高水平专业群的必然目标。然而经济发展规律以及产业对人才质量要求的变化，并非专门从事职

工业4.0背景下职业教育人才培养模式教育创新研究：基于产教融合理念

业教育的学校能够从前沿位置把控的。这就需要政府主导建立学校层面乃至省级的高水平专业群咨询机构：对于协助高水平专业群在省域层面匹配产业链空间分布、判断对接产业高端位置还是对接高端产业、分析核心岗位人才技能变动、探析人才技能持续发展机制和模式等，这些咨询机构提供专业意见和建议，从而为职业教育高水平专业群的前期发展打下坚实的研究基础。例如，这些咨询机构可根据区域资源禀赋特点，按照各个院校同类高水平专业群对接产业的差异化程度，对某一产业链的发展阶段、空间分布乃至链条结构进行分析；从宏观层面指引各个地区未来应重点建设的高水平专业群，并按照产业转型升级和创新发展的理念持续优化高水平专业群的适应性提升思路，提高高水平专业群精准对接区域产业战略重点的效度。

高水平专业群咨询机构的主体可以是代表政府教育主管部门的人员、企业人员、行业协会人员、职业教育人员等，从政策方面、经济方面和教育方面等多个维度，综合性地研究和确定某一区域某一类高水平专业群的可行性发展路径。一方面，为实现区域内专业群共建，高水平专业群咨询机构应协同各个学校为同类高水平专业群的建设共同发力；另一方面，高水平专业群咨询机构为高水平专业群的发展保驾护航，搭建起职业教育高水平专业群与产业沟通的桥梁。

2.建设多方协同的高水平专业群生态体系

多方协同是职业教育的重要研究主题，而近年来不少学者在分析企业参与职业教育的各项成本和收益时发现，一些企业较难从参与职业教育中获得理想的收益。[21] 这不利于我国职业教育推进多方主体协同育人理念落地实践。高水平专业群作为主动融入区域发展、服务产业转型升级的排头兵，承担着为重点支柱产业和产业高端方向提供人才和技术支持的责任。要提高职业教育高水平专业群的适应性水平，需多方合作来推进高水平专业群建设。

在高水平专业群咨询机构提出的专业发展建议指引下，企业、行业协会、人力资源和社会保障部门结合区域产业发展模式，协同确定同类专业群的外部发展策略以及专业群内各个专业的集群发展模式。高水平专业群建设需要注意的几个主要问题如下：一是各专业之间的关系，即专业群内部关系；二是专业群与专业群之间的关系，即专业群落关系；三是专业群与产业链或岗位群的关系，即产教生态系统关系。[22]

（1）在专业群外部，根据产业群的发展模式，即产业群企业之间是互补合作型的纵向上下游联通模式，还是以竞争为主的横向市场分割模式，确定区域内同类专业群的基本发展格局。若是前者，则根据产业链的上游、中游和下游来建设区域内的专业群，从而最大限度地提高职业教育资源的使用效率，提高专业群的异质性水平。若是后者，则根据区域经济资源特点，以区域产业发展阶段所具备的技术特征为主要参考依据，推动各个专业群的特色建设。了解产业群发展特点是进行专业群建设的基础，也是提高职业教育高水平专业群适应性水平的前提。

（2）在专业群内部，根据岗位技能要求和岗位链的空间分布，确定核心示范引领专业和跟随专业的发展模式。例如，企业和行业协会将区域内具有相同技术基础、职业面向类同的岗位集合在一起，将岗位群中的主导岗位和次要岗位进行拆分；职业院校联合企业、行业协会等将与主导岗位对接的核心专业各类教学资源进行整合和共享，除了承担育人责任以外，还承担起科学研发、引领产业发展的重任；次要岗位对接的各个跟随专业在整体高水平专业群中侧重承担培养技术技能人才的责任。核心专业和跟随专业协调联动，使区域内部同类专业群能够形成有层次的、可以实现育人与科研服务协调统一的专业群发展模式。

（3）人力资源和社会保障部门与高水平专业群咨询机构深入调查和明确各类岗位群所需的关键技能和素养，发布专业的第三方人才岗位研究报告,并将其运用到高水平专业群各个阶段的建设中。高职院校要使高水平专业群适应岗位联系的多维性,就需要了解哪些技能是这一类岗位的必备要素,哪些技能可以通过短期培训获得,哪些技能需要长时间学习才能获得。在高水平专业群建设过程中,高职院校也并非简单地根据岗位要求对课程体系进行对标和修改,而是要提炼构成这些岗位技能的长期能力和短期能力、必备素质、硬性技能和软性技能,结合人才培养方案、课程体系、实训实验模块、教学模式及教学资源,系统、深入地将岗位要求渗透到育人的每个环节,逐步使高水平专业群成为相对开源的、适应和匹配产业岗位要求的人才培养体系。

(二)内部:建立高水平专业群弹性管理制度

无论是使高水平专业群适应外部产业布局,还是使高水平专业群适应专业群自身所面临的调整、升级,建立高水平专业群弹性管理制度十分必要。

1.管理基础:确定各个主体参与高水平专业群建设的柔性管理模式

为了提高高水平专业群的适应性水平,应建立高水平专业群建设的制度,引导各主体参与高水平专业群的日常建设,包括培育技术技能人才、协助攻克企业技术短板以及提供产教融合社会服务等。企业、行业协会、行业指导委员会、人社部门、高水平专业群研究机构等多方主体通过常态化议事机制指引高水平专业群建设方向,为高水平专业群适应产业布局、适应技术变革奠定基础。例如,高水平专业群研究机构与行业指导委员会可以共同判断专业群是否能够匹配职业岗位群、这些岗位是否具备共通的技术基础等。高职院校以及高水平专业群建设基层组织根据这些建议和意见,判断人才培养目标是否贴合岗位群的需求,及时修正和调整人才培养目标,还要判断课程体系能否最大限度缩短人才和岗位之间的距离。高职院校若通过以上判断,发现专业群存在一些不足之处，则进行一轮甚至多轮人才培养方案修订和课程体系调整。在毕业生到企业工作之后，企业、第三方评价机构、人力资源和社会保障部门对人才素质进行追踪测评，并将测评的结果反馈给高水平专业群基层组织，高水平专业群基层组织分析和判断高水平专业群的人才培养是否能够匹配产业链工作岗位关键技能需求。通过高水平专业群建设，构建产业链—岗位链—人才链—教育链—创新链的闭环螺旋上升系统，真正使职业教育高水平专业群所培养的学生能够满足产业岗位需求。

高水平专业群建设除了需要明确各个主体的职责以外，还应明确企业及其他主体在参与高水平专业群建设时可以获得的相应正向激励，如获得人才选用优先权、获得税收减免以及将有益的人才培训经验引入企业或产业内部等。

2.管理关键：建立高水平专业群、高水平专业群落和高水平专业群生态系统的灵活运作机制

高水平专业群的管理依赖教育主管部门提供的各类规章制度。高水平专业群调整、变更等事项的管理权限一般都在省级教育部门，学校乃至高水平专业群的管理权限相对有限。高水平专业群作为集技术技能人才培养、企业技术积累以及社会服务等多维目标于一体的基层组织，对外要适应产业布局和技术变革，对内要调整人才培养方案和课程体系，相较于传统专业建设，应提高管理的灵活度。可赋予高水平专业群基层组织自主管理权限，包括经费使用、人才引进、科研成果转化、社会项目研发、发展制度备案与调整（特别是专业群内的专业调整）等。例如，对于专业群内各专业的调增、调减或升级等，高水平专业群基层组织发起申请，并向省级主管部门报备批准即可。提高高水平专业群的管理灵活度，赋予其创新活力，能够使其更好地担负起面向岗位群的人才培养质量保障主体责任。[23]

调整同一区域内同类专业群的集群发展战略，可以由高水平专业

工业4.0背景下职业教育人才培养模式教育创新研究：基于产教融合理念

群研究机构和区域内高水平专业群共同发起，并与行业协会等机构进行调研和论证，将论证结果交给省级主管部门备存和发布。在区域内建设专业群时，一方面，增强各个同类专业群之间的异质性，以使其适应岗位链上不同环节；另一方面，增强高水平专业群的辐射带动和示范引领作用，在区域内构建门类齐全、特色鲜明、错落有致的高水平专业群落。

对于专业群与产业链的产教生态系统变动，企业、行业协会、行业指导委员会等共同商议，对各个组织参与职业教育的模式和发挥作用的途径进行进一步规范与调整，包括专业群内涵调整、产教深度融合等，逐步构建一个整体完善、运作流畅的多维产教融合高水平专业群系统，从而提高高水平专业群人才培养和科研服务与产业群和岗位群的匹配度。通过这种方式，逐步建立一种动态、稳定、平衡发展的高水平专业群生态系统，在协作共赢的理念下，充分发挥不同主体在专业群建设过程中的优势和效能，实现多主体协同共商、决策共议的柔性管理模式。逐步突破传统专业建设和管理的科层化模式，实施高水平专业群扁平化管理模式，增强高水平专业群对产业布局、技术变革、岗位需求、周边环境的动态适应能力，使高水平专业群为区域发展提供源源不断的人力资源支持和技术积累，为区域经济转型升级注入活力，提升区域产业竞争力，并通过产业反哺职业教育，使企业带动和促进高水平专业群高质量发展。

三、结论与启示

要实现高水平专业群高质量发展，需要高水平专业群内部和外部共同发力。内部应构建适合高水平专业群的管理模式，明确各个主体在专业群建设过程中发挥作用的渠道和方式，让各主体积极参与高水平专业群建设；构建高水平专业群的良性生态，使多方主体能够嵌入相对动态、稳定、平衡发展的高水平专业群生态系统中。从外部来看，高水平专业群建设不仅仅是高职院校单一主体所需要面临的主要任务，更要以院校为主导，以统筹和引入多方跨界资源为前提，推动人才需求方参与人才培养过程，最终实现教学目标与企业岗位需求一致，教学流程与工作流程契合，从而保障高职院校培养出来的学生能够满足现代企业的多业态、多层次需求。

第六章 产教融合理念下高水平专业群适应性内涵建设

工业4.0背景下职业教育人才培养模式教育创新研究：基于产教融合理念

职业教育作为培养高素质技术技能人才的教育，是我国高等教育服务区域经济发展的重要支撑。2020年10月，党的十九届五中全会审议通过《中共中央关于制定国民经济和社会发展第十四个五年规划和二〇三五年远景目标的建议》，明确提出要"加大人力资本投入，增强职业技术教育适应性，深化职普融通、产教融合、校企合作"。高水平专业群建设的重点在于发挥专业群的集聚效应和服务功能，实现人才培养供给侧和产业需求侧结构要素全方位融合。长期以来，高职院校将专业内涵建设作为联结人才链和产业链的重要媒介，相较于外延建设，它更强调以质量和效率为目标、以体制改革和制度创新激发发展活力的发展理念和模式。专业群内涵建设除教育定位、人才培养体系（含师资、课程）与质量评价体系以外，更为关注专业群的组群逻辑和治理模式。近年来，伴随着产业数字化、工业4.0等对实体经济的不断渗透，不少职业岗位群及其核心岗位技能发生了较大变化。为提升高职院校高水平专业群的适应性，有必要对高水平专业群内涵建设的特点进行分析，从而概括出高水平专业群内涵建设的一般规律和行动方略。

一、高水平专业群适应性内涵建设特征

高水平专业群建设是当前高职院校有效对接区域产业链、创新链的重要举措。高水平专业群并非各个专业的简单组合，而是基于所服务的区域产业集群中不同职业岗位群的相互关联而建构的能够实现跨界、协调、互通的人才培养新载体，通过不断调整，适应产业技术变革，为区域产业转型升级提供人力资源支持和技术积累，促进区域经济可持续发展。目前的高水平专业群建设中有围绕"产业链依托""学科基础优先""教学资源互补"以及"专业目录相关"等构建高水平专业群的情况。高水平专业群的内涵建设更关注专业群如何适应产业技

术升级与区域产业布局，为职业教育融入区域经济发展提供可参考的、示范的产教融合发展模式。职业教育高水平专业群建设过程中需要实现以人才培养为核心，技术研发、社会服务等协同推进。无论以何种方式构建高水平专业群，在目前产业数字化转型背景下，要提升职业教育的适应性，加强高水平专业群建设，就应对高水平专业群内涵建设的特点进行深入剖析。

（一）高水平专业群内涵建设对区域产业发展的适应性

推动教育链、人才链、产业链的有效衔接，是现阶段人力资源供给侧改革的重要抓手，也是新工艺、新技术条件下全面提升高职人才培养质量的有效保障。高水平专业群作为教育链的核心要件，是联结人才供给端和产业岗位需求端的重要媒介。高水平专业群内涵建设对区域产业发展的适应性包含两个方面：一是高水平专业群整体分布与宏观区域产业布局的匹配性；二是高水平专业群内涵建设与岗位技术升级的契合度。

越来越多的行业在信息技术的引领下，已经突破原有的生产边界，企业类似整体生产网络的节点，以往通用的专业建设较难匹配现阶段产业之间相互渗透背景下出现的新业态和新生产模式。产业变革使不同企业之间的横向联系越来越紧密，同一产业链的上下游企业之间的联系也越来越紧密，智能化生产网络下各个企业不断升级，产业的内涵与外延不断拓展。高水平专业群内涵建设实际上就是使高水平专业群匹配区域产业布局、适应区域产业转型升级的过程。例如，随着产业的智能化转型，机电一体化专业群将包含智慧设计、数字编程、智能制造等模块。基于这些模块的共同产业基础，将机电一体化技术、机械设计与制造、应用电子技术、工业机器人技术以及智能产品开发等融合为一个专业群，从而培养更多的具有复合学习背景和多项技能的跨领域型技术技能人才。在大多数高水平专业群立项建设之初，就应科学调研区域职业岗位群的分布特征及协作关系，构建开源性专业群系统，根据产业布局、产业发展阶段以及产业技术条件，不断更新和完善高水平专业群的内涵，使高水平专业群主动融入产业发展，并提供产业升级所需的人才支持和技术积累。

（二）高水平专业群内涵建设的动态可延展性

高水平专业群内涵建设的动态可延展性与高水平专业群对产业发展的适应性相辅相成。由于产业布局调整和产业技术发展，高水平专业群内涵建设并非根据学科基础闭门造车，而是不断动态调整、对标的过程。一方面，高水平专业群应适应经济发展和产业转型升级；另一方面，高水平专业群内部各专业并非简单组合，而是匹配职业岗位群的有机协调的整体。高水平专业群的动态可延展性体现了专业群对产业技术发展的适应性，表现为专业群的动态调整，即构成专业群的专业并非一成不变，而是可以根据产业岗位群的发展而进行调整，包括调增、调减以及数字化转型等。对有岗位但无对标专业的情况，通过增加、补充专业的方式完善教育链；面对在原有岗位基础上演变出的新兴岗位，通过强化、深化原有专业完善教育链；对已经明显不符合社会经济需要的过旧岗位所对应的专业进行删减、撤除，缩减教育链。高水平专业群发展基于动态优化的理念，不仅可以增强专业群内涵建设的科学合理性，也可以通过灵活、弹性的专业建构，缩短人才链与产业链之间的距离，进一步提高教育链与产业链的匹配度。

（三）高水平专业群内涵建设的生态可持续性

高水平专业群内涵建设的生态可持续性一方面是指高水平专业群建设始终服务区域经济发展，满足区域产业发展对高素质技术技能人才的需求，符合产业需求是高等职业教育专业群内涵建设的逻辑起点；另一方面是指伴随实体产业环境的变化和产业链条的延伸，产业的岗位群覆盖所有产业链的各个环节，高水平专业群内涵建设虽然较难满足所有岗位群技能要求，但通过提炼岗位核心技能，创设与工作岗位类似的教学情境，构建与人才培养方案一致的教学模块，构建对接岗位需求的专业课程体系，遵循高水平专业群育人的一般规律，能较好地满足区域经济转型升级的要求，保持与区域重点产业同频共振的发展态势。

二、提升高水平专业群适应性内涵建设的行动方略

（一）高水平专业群内涵建设的前提：对接产业从"虚化"走向"实地"

不同区域的资源禀赋不同，其产业发展布局和产业发展所处阶段也各有不同，各个产业发展对技术的依赖程度也有所差异。区域产业集群的类型（技术密集型、资本密集型等）、规模（规模较大、适中或较小）、集中程度（集中式集群、分散式集群）以及发展阶段（成长型、成熟型、衰落型等）不同，对人才的素质和技能要求也会各有千秋。根据对接产业的差异化特征，围绕某一产业的结构特征、空间布局科学论证高水平专业群的组群，并根据产业转型升级和创新发展持续优化组群，是高水平专业群的基本组群逻辑，是高水平专业群内涵建设的前提，有利于使职业教育高水平专业群布点适应区域重点产业布局。

以智能制造高水平专业群为例，智能制造、先进制造与国家制造业高质量发展的宏观战略息息相关，高水平专业群内涵建设对接产业"脱虚向实"主要包含以下三个方面。

首先，在筹建高水平专业群时依托办学条件，使高水平专业群与区域重点产业群对接。例如，以"中国制造"向"中国智造"转变为建群基础，提高制造类高水平专业群对接国家重点产业布局的精准度。

工业4.0背景下职业教育人才培养模式教育创新研究：基于产教融合理念

这包括了解产业群的发展阶段，产业群各个主体是否通过特定的组群逻辑（如技术共享、共同市场等）和空间布局确定了相对稳定的链条式发展路径，产业群内部是相对集约的、以某企业为主导的、类似同心圆的协同发展模式还是相对松散的独立发展模式，产业集群内包含的行业类型的数量，行业之间是纵向的上下游之间的紧密关系还是横向的并列关系。调研和了解这些基础产业集群信息，是后续根据产业集群特点使高水平专业群对接技能岗位需求、贯彻提升高水平专业群适应性的发展理念、实现人才培养目标的现实基础。

其次，根据产业群特点，确定高水平专业群发展模式。若产业群是同心圆发展模式，则以区域内具有扎实基础的优势专业作为高水平专业群内涵建设领先示范专业（可以跨校），围绕核心专业，将具有共同技术基础、与岗位临近的专业的各类办学资源进行整合和共享，发挥核心专业的示范引领作用，使核心专业与其他专业协同联动，使高水平专业群内的各个专业能够在核心专业带领下产生知识溢出效应，突破以往分专业育人的"专业间隔绝"，促进智能时代复合型技术技能人才的综合培养，从而使专业群逐步覆盖智能制造行业重要的岗位群，实现专业群与产业群的联动发展。若产业群是多圆共同发展的模式，比如，各个工作岗位围绕共同的市场提供同质化产品与服务，则在区域内是排他、竞争的市场组织模式，对应的专业群内涵建设则根据各个专业在产业链条中的作用和位置进行调整。由此可见，了解产业群发展特点是专业群内涵建设的重要现实基础，也是提高职业教育高水平专业群内涵建设适应性水平的现实要求。

最后，在深入调查产业集群对技术技能人才的需求之后，需要明确高水平专业群面向的技术技能岗位群。以智能制造产业集群为例，其涵盖原材料供应、数字设计、智能生产、智慧配送等各个环节的工作岗位，包括售前订单管理、售后客户服务等一系列软性和硬性服务模式。当试图将这些产业集群的工作岗位技能要求对接高水平专业群建设任务时，高水平专业群内涵建设难度并不在于根据岗位要求对课程内容进行修改，而在于在科学调研的基础上，结合第三方机构提供的岗位研究报告，对产业群的核心工作领域所对应的知识、能力和素质进行深入的分析和对标，并依据产业集群的重点岗位，提炼知识、能力和素质目标的关键模块。构建可适当调整人才培养方案、课程体系和教学资源的育人体系，将高水平专业群建成适当开源的系统，使高水平专业群能够随着产业发展和技术革新进行有针对性的调整。

（二）高水平专业群内涵建设的关键：治理模式从"管治"走向"共治"

高水平专业群内涵建设是一个系统工程，包括产业调研、岗位技能提炼、人才培养方案修订、人才培养过程管理、人才质量评价等一系列过程。各个办学主体应在一个高水平专业群适应性统筹框架下完成与人才培养相关的各个事项。高水平专业群不仅仅是产业升级背景下复合型人才培养的新型载体，更是多方主体组成的开放的利益共同体，强调多元主体协同合作，共同治理，其中包括政府主管部门、高职院校、行业协会、企业、第三方人才评价机构。为了使这些主体参与到高水平专业群建设过程中，可通过制度化、常规化的方式赋予其一定的在高水平专业群建设中的话语权和决策权。例如，行业指导委员会、行业协会以及第三方人才评价机构可以判定专业群的组群逻辑是否贴合产业集群内部的岗位链条，与高水平专业群相关的各岗位群是否拥有共同的技术条件和资源基础，专业群人才培养的目标定位是否符合行业企业对技能型人才的需求，课程体系的设置是否能有效缩小人才链和岗位链的差距，高水平专业群所能提供的科研服务和社会服务能否解决区域企业的技术瓶颈问题。高水平专业群建设需要考虑多方跨界合作，向外对接产业集群及其岗位群，向内进行各项专业资源整合。

工业4.0背景下职业教育人才培养模式教育创新研究：基于产教融合理念

要提高职业教育高水平专业群与地方产业集群及其岗位群的契合度，应使高水平专业群的治理模式从单一主体管治向多方共治发展，以学校专业群为平台，以多方跨界合作为媒介，以多方共治为框架，共同推动高水平专业群内涵建设。一方面，建立社会力量参与的多层次协作共赢治理平台，让社会职业教育机构、企业人力资源主管部门、区域行业协会等多方主体参与学校高水平专业群建设，高水平专业群的学术委员会、专业群指导委员会等全面参与专业群的日常建设和常规调整等，为专业群适应产业发展保驾护航；另一方面，以学校重点专业群的特色为突破口，构建产教融合的实体链条。以电子信息高水平专业群为例，这一专业群对接的是智能电子信息产业。那么，在专业群内涵建设过程中，可以筹建相应的分主题中心，如电子信息工程技术中心、应用电子技术中心、电气自动化技术中心、移动通信技术中心等。分设的中心对接不同的实体企业。甚至在政策允许的条件下可以建成由专业群控股的股份有限公司，构建电子信息工程技术产学研用一体化综合体，使基于专业群的科学研究和技术开发服务于企业解决迫切需要解决的现实问题。由于高水平专业群建设具有较大的灵活性和弹性，所以企业对高水平专业群的产教融合形式树立信心，更有利于其参与高水平专业群人才培养。总的来说，多方共治一方面是以面孵化点，另一方面是以点带面，企业与高水平专业群基层组织可逐步建立良性互动的共生关系，从而不断提升高水平专业群建设与区域重点产业的契合度。

（三）高水平专业群内涵建设的保障：制度规范从"刚性"走向"柔性"

高水平专业群的组建目的不但是打破专业壁垒，而且包括打破区域内的校级壁垒。从职业院校内部来看，将隶属于不同院系的专业资源进行整合和集聚之后，部分学校以群建院，在学校层面下放有关人、

第六章　产教融合理念下高水平专业群适应性内涵建设

财、物等权力，赋予高水平专业群这一新型育人单元创新活力，使其承担面向岗位群的人才培养质量保障主体责任。高水平专业群作为集合人才培养、科研创新与社会服务等功能于一体的基层组织，面对外部产业升级以及技术变革，调整专业群内涵，调整课程体系，具有专业群内涵建设的灵活性，推动高水平专业群的制度规范从"刚性"走向"柔性"。从外部管理审批和多方跨界合作办学制度来看，在高水平专业群建设过程中构建以地方教育主管部门为主，行业协会、企业、人力资源和社会保障部门、第三方机构共同协作的框架体系，并在这一框架体系下，根据行业机构发布的产业群岗位设置与人才需求报告，建立重点专业群内涵调整机制、专业群发展优化机制、专业群产教融合校企合作机制等，提高专业群人才培养和科研服务与产业群、岗位群的匹配度。

高水平专业群的制度建设需要更多地考虑专业群在发展过程中的自由度。在产业发展和技术变革引领下，高水平专业群建设前期对区域产业资源禀赋及发展趋势进行深入调研，多方机构协同制订岗位人才需求计划，高水平专业群基层组织能自主对标职业教育人才培养方案、课程标准以及学生管理，在制度建设方面更加自由。赋予高水平专业群基层组织自主管理权限，包括经费使用、人才引进、科研成果转化、社会项目研发、发展制度备案与调整（特别是专业群内的专业调增、调减）等，赋予其决策的敏捷性和灵活性，有利于其充分发挥技术创新功能和知识溢出功能。在沟通协商、合作共赢的理念下，发挥不同主体在职业教育高水平专业群建设中的作用，实现在柔性制度保障下的共商、共议与共策，推动高水平专业群建设逐步与区域经济发展协调一致。通过多种制度探索和变革，在制度柔性前提下，改变传统行政化的层次管理模式，真正实现高水平专业群基层单元的扁平化管理。

（四）高水平专业群建设从"校内"走向"区域"

由于双高校建设项目的推进，越来越多的学校在双高校建设过程中开展学校间的交流，但这并不是实际意义上的多校共建高水平专业群。为提高高水平专业群与区域内重点产业对接效率，要使高水平专业群建设逐步从校内单建向区域共建模式发展。这样一来，根据产业集群所包含的岗位群的空间分布特点，统筹确定区域内建设高水平专业群的各所学校的建设思路。若岗位群是围绕某一核心岗位形成的，岗位群之间具有显著的层次关系和上下游关系，那么专业群的建设思路应尽可能与之类似。例如，A学校主要契合某个核心岗位，那么从属的B学校和其他学校则可以配合A学校的关键岗位，在整个区域内构建对接产业的多层次、多元化岗位的专业群。如果岗位群在空间分布上相对分散，仅仅围绕共同的市场份额或者共通的专业技术分布，那么各个高职院校可以采用与岗位群结构相对应的组织模式开展专业群建设，针对岗位群中具有共同技术基础或共同目标市场的工种，采用必修岗位+选修岗位的建设思路，根据学校本身的资源优势和专业群建设侧重点，有的放矢地培养适应整个工作链条的某类复合型技术技能人才。

在增强高水平专业群适应性背景下，以对接产业发展为基础，以跨界合作为基础，以弹性制度为引领，加强职业教育高水平专业群内涵建设，培养符合产业岗位需求的人才，为区域发展提供技术创新服务和技术积累，提升区域产业竞争力，促进区域经济高质量发展的同时，促进职业教育高质量发展。

三、结论与启示

产教融合背景下推动职业教育高水平专业群长远发展的关键在于使高水平专业群建设对接产业发展。现阶段各个产业在数字化转型背

第六章 产教融合理念下高水平专业群适应性内涵建设

景下所呈现的新业态和新模式使越来越多的企业开始注重岗位的多维联系性，工作流程的前后衔接性，以及基于全球价值链生产理念的资源统筹程度、利益分配格局和智能化生产网络等。高水平专业群作为高等职业教育的重要发展引擎，在适应产业变革的前提下，逐步拓展适应性的具体内涵，包括适应岗位复杂性、流程衔接性以及生产网络化等。

要增强高水平专业群的灵活性和适应性，内外两方面的机制保障和设计非常关键。从外部看，首先，对接产业从"虚化"走向"实地"，即在调研产业发展的过程中，能够深度调研、了解产业的技术发展趋势和技术变革对工作岗位的要求。其次，引入多方办学主体共谋、共评高等职业教育高水平专业群的发展路径，使高水平专业群的管理逐步从"管治"走向"共治"。最后，要发挥这些办学主体的作用，从制度规范层面，通过给予高水平专业群一定的经费管理、科研管理等的自主管理权，使其能够在一定的权责范围内调整专业群建设方案，促进专业群的课程体系、授课流程以及授课方式等对岗位群发展的动态适应，使高水平专业群真正成为具有内部管理活力、外部动态适应能力的职业教育发展重要引擎。高水平专业群发展带动职业教育的适应性提升，促进专业群与区域经济良性互动。

第七章 推动我国职业教育企业主体地位实现的可行性路径

工业4.0背景下职业教育人才培养模式教育创新研究：基于产教融合理念

2019年国务院印发的《国家职业教育改革实施方案》指出，"健全多元化办学格局，推动企业深度参与协同育人，扶持鼓励企业和社会力量参与举办各类职业教育"。2020年教育部等九部门印发的《职业教育提质培优行动计划（2020—2023年）》特别指出，"深化职业教育供给侧结构性改革"，"深化校企合作协同育人模式改革"。在提升职业教育适应性背景下推动企业成为高等职业教育办学主体，是推动职业教育人才链与区域经济产业链匹配的重要渠道，也是推动职业教育高质量发展的关键。

《国家职业教育改革实施方案》提出，"建立产教融合型企业认证制度，对进入目录的产教融合型企业给予'金融+财政+土地+信用'的组合式激励"。这是发挥企业办学主体作用的重大制度创新，是推动我国职业教育高质量发展的重要手段。然而实地调研与小样本数据分析显示，参与职业教育的净收益为负值的企业占比54.7%。[24]企业是自负盈亏的独立机构。在企业盈利需求与学校公益性需求之间找到平衡，是促进校企合作、促使企业参与职业教育的关键。

一、推动企业参与职业教育的逻辑起点

增强职业教育的适应性不仅包括职业教育类型与产业格局的匹配、职业教育专业布点与产业链岗位群分布的吻合，还包括职业教育人才培养目标与岗位任职标准的契合。[25]德国双元制职业教育体系与产业经济实现了真正意义上的深度融合，特别是职业教育供给侧人才质量与产业经济需求侧劳动力素质高度匹配。我国在职教改革过程中，应明确职业学校与企业的功能和定位，完善现代职业教育治理体系，优化相关政策的顶层设计，构建中国特色职业教育体系。[26]

供需契合的职业教育人才培养离不开企业的深度参与。以德国双元制职业教育培养体系为例，从宏观层面看，企业参与人才培养的动

第七章　推动我国职业教育企业主体地位实现的可行性路径

力主要源自国家与各大办学主体的产教融合办学机制，从业者具有较高水平的职业技能和素养，有效保障了德国企业在国际竞争中处于有利地位，企业大都形成了反哺社会并进一步培养职业人才的责任感和使命感。从微观层面来看，企业在国家法律框架下成为职业教育主体，可以通过与职业院校合作，获得职业教育培养的高质量技能人才的红利，并解决企业的关键技术问题。德国只有约20%经过政府严格筛选的企业能够参与职业教育。由于参与职业教育的企业都是社会责任的主要承担者，这些企业有较高的社会地位和较好的声誉。图7-1所示是德国双元制职业教育体系的运行机制与保障条件。

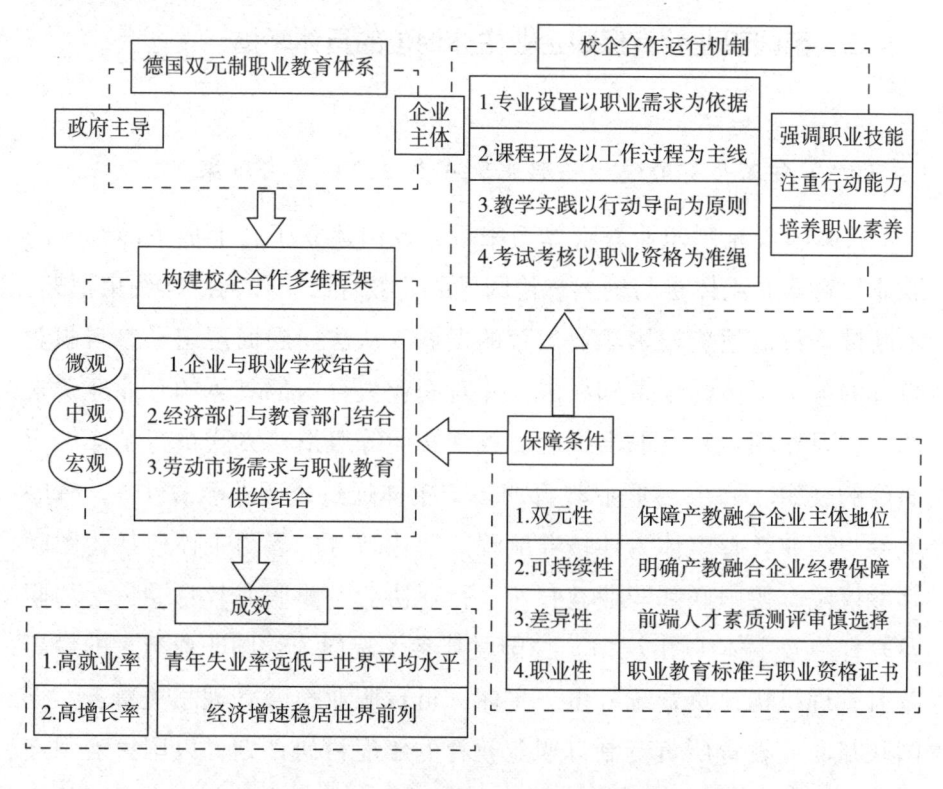

图 7-1　德国双元制职业教育体系的运行机制与保障条件

企业成为职业教育办学主体意义重大。从教育方面来看，企业作为职业教育办学主体，在人才培养过程中推进"干中学"，为学生提供培训的重要场所，并以工作流程为导向，提炼核心工作技能，重构行动领域，构建教学模块，营造教学情境，优化教学模式，有利于提高人才培养效率。从经济方面来看，企业参与职业教育，成为职业教育办学主体，提升学生多维的职业技能和职业素养，最终为经济高质量发展和产业转型升级提供必备的劳动力资源和技术支持。从社会方面来看，企业根据技术发展的新要求，培养职业技术人才，使新一代青年提高就业技能，并通过完善的可嵌入的学历认证体系，获得相对理想的工作机会，在一定程度上解决了社会劳动力就业问题。

二、德国职业教育保障企业主体地位的具体举措

（一）自上而下的统一的职业教育多方主体参与框架

从德国双元制职业教育体系来看，德国建立了自上而下的统一的职业教育多方主体参与框架。德国《职业教育法》作为总体约束框架，不断被修订以适应德国职业教育的发展，从法律层面规定了参与职业教育的各个主体的职责和权限，并对职业教育内部具体的企业经费来源、实习薪酬、雇员退出机制、教育文凭等级衔接方式进行了详细而明确的规定。[27]参与职业教育的多方主体通过《职业教育法》，有序地参与职业教育整体人才培养流程。职业教育的参与主体包括德国联邦参议院、德国联邦职业教育所、行业协会、州职业教育委员会和职业教育施教主体（图7-2）。德国联邦参议院作为德国职业教育的最高政府管理机构，负责统筹多方主体，负责职业教育管理相关事务。德国联邦职业教育所负责制订职业教育的年度科研计划，以国家宏观层面的科学研究来保证职业教育发展方向正确，以使职业教育匹配经济发展及技术更新对人才质量的要求，为全国职业教育的发展指明方向。

第七章 推动我国职业教育企业主体地位实现的可行性路径

德国联邦参议院	负责职业教育管理相关事务（政府机构）
德国联邦职业教育所	制订年度科研计划，通过科学研究促进职业教育发展（政府机构）
行业协会	成立职业教育委员会，负责职业教育监督与咨询（主管机构，公益性质）
州职业教育委员会	负责向州政府提供咨询与职业教育改进建议（辅助机构，公益性质）
职业教育施教主体	经德国《职业教育法》资质标准审查的企业

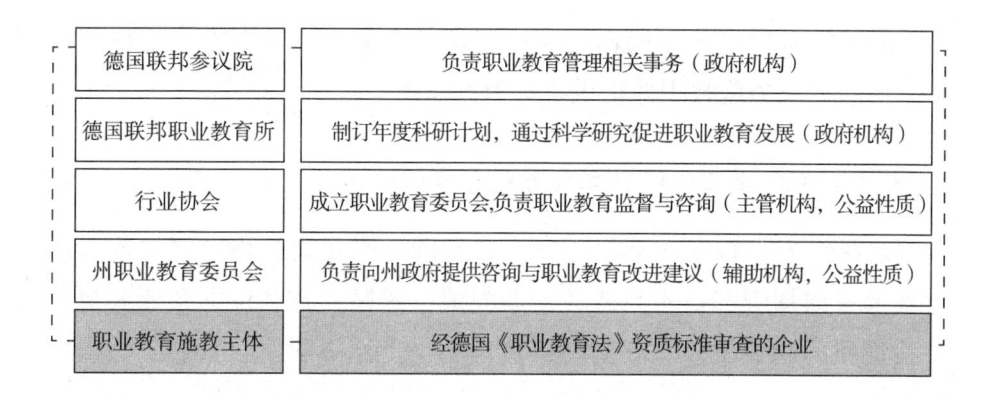

图 7-2　德国双元制职业教育的多方参与者

行业协会作为职业教育的主管机构，是公益性质的，通过设立各个行业的职业教育委员会，负责监督职业教育的规范，并为需要接受职业教育的人员提供咨询服务，是德国双元制职教体系中企业培训监督与咨询的关键部门。在每个州设立的州职业教育委员会作为行业协会的下属机构，也是公益性质的，主要负责向州政府提供咨询与职业教育改进建议。职业教育的施教主体是经过遴选的进入筛选目录、通过德国《职业教育法》资质标准审查的各个行业中的领先大型企业。在前期各个机构和部门翔实而精准的调研基础上，开展职业人才的培养。施教全过程可以获得来自行业协会、州职业教育委员会提供的专业咨询意见和发展规划建议。[28]

除《职业教育法》以外，德国联邦政府还通过"职业教育合同"规范了雇主企业与雇员的行为以及薪酬标准，并通过《职业教育条例》规定了全国范围内的职业资格标准及相关教学模块，即基于工作流程和工作岗位设置职业技能学习情境，通过行业协会和职业研究所的建议与科学研究保证课程体系和培训机制的科学性。这从法律及法规层面为企业作为职业教育主体奠定了坚实的课程体系基础。德国还将新技术引入企业，这样，职业教育不仅与企业工作流程保持高度一致，还实现了与技术发展新形势的高度协调。这最终将给企业带来较多的收益。

德国的从国家法律层面规定的完备的自上而下的多方主体参与框架，为企业成为施教主体提供了有力的保障。

（二）多层次互补的职业教育经费来源体系

企业作为职教主体不仅存在人力资源、固定资产租金等投入，还存在大量的知识和技术投入等。职教成本较高，营利性的企业要兼顾公益性质的职业教育，确实经济负担不小。德国职业教育的发展同样需要大量的经费投入，这些经费主要来源于企业投资与政府拨款。[29] 其中，最主要的办学经费来源于制造业中的大中型企业和经营性服务型企业，如大众汽车公司、西门子公司和德意志银行。大企业建立职业技能培训中心，是因为大型企业人员需求量较大，通过培训可以使参与职教的劳动者在获得相应技能之后找到对应的工作岗位，增强职业培训的针对性和实效性，实现职业人才技能与岗位职业标准的匹配。其他企业可以通过支付培训费用参加大型企业相对系统的职业培训，培训收费成为企业办学的经费来源之一。

另外，筹措的经费还包括企业外集资资助，主要包括向国有企业和私营企业筹措的中央基金、由工会组织筹措的劳资双方基金以及特殊基金。由国家层面筹措的经费包括混合经费资助和国家资助两类。其中，混合经费资助是非常详细的税收减免。国家资助是指由政府部门筹措的各项用于补贴职业教育主体的相关经费，主要由州政府、联邦劳动局和联邦职业教育研究所提供。个人层面的经费来源主要是受训者自己出资。多元的经费来源是保证职业教育与实体经济紧密联系的基石，也是企业能顺利开展职业教育的前提条件（图7-3）。

第七章 推动我国职业教育企业主体地位实现的可行性路径

企业直接资助	制造业大中型企业及经营性服务型企业出资（主要渠道）
企业外集资资助	中央基金（向国有企业和私营企业筹措）、劳资双方基金（工会组织筹措）与特殊基金
混合经费资助	国家提供税收优惠（专门扣除款、及时扣除款、固定扣除款）
国家资助	由州政府、联邦劳动局和联邦职业教育研究所提供
个人资助	受训者自身出资

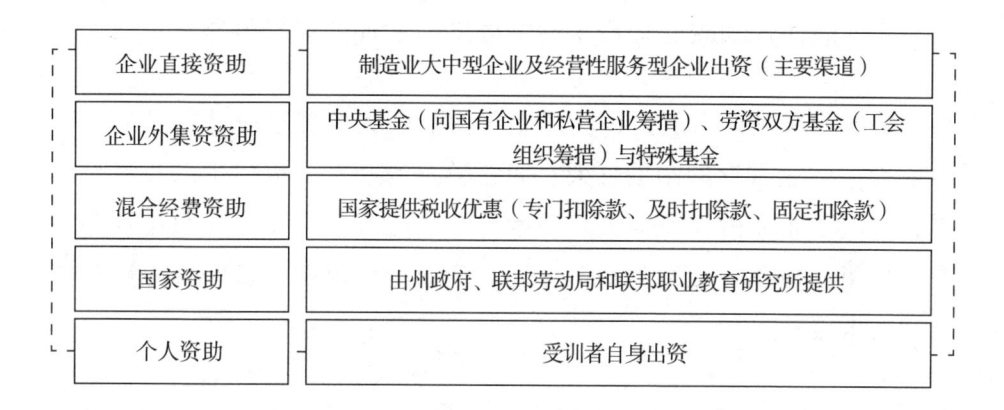

图 7-3 德国双元制职业教育体系的多种经费来源

（三）企业全方位嵌入职业教育人才培养体系

德国通过《职业教育法》明确规定了行业协会参与职业教育的渠道和职责。在行业协会领导下，企业开展各类职业教育调研，了解培训需求，并且详细规定教学时长、教学目标和考核机制等；学生在完成相关培训后可以获得书面证书以及高级职业资格进修机会。德国联邦教育及研究部还为以传授高级职业资格为目标的职业教育颁布考试条例，通过规范考试内容、标准、流程，可以使参训人员获得联邦政府颁发的文凭。例如，进修第一层可以成为职业行家，进修第二层可以成为专业学士，进修第三层可以成为专业硕士。德国联邦经济与能源部或其他主管部门在职教管理部门的专业意见下，以法规形式规定，这些通过企业培训获得的职业证书及文凭与其他证书具有同等社会价值。这实际上是政府为企业参与的职业教育的技能文凭背书，为企业提供了深度参与职业教育的合法性基础，也使企业能增强培育职业人才的社会责任感。

三、推动我国职业教育企业主体地位实现的可行性路径

根据国家政策指引,逐步建立起增强职业教育适应性背景下我国企业参与职业教育的制度框架、职业教育的经费筹措体系以及组织体系,有利于企业融入职业教育,参与产教融合,不断提升职业教育的育人质量,使职业教育为经济发展和产业转型提供必备的人力资源支持和技术服务。

(一)建立增强职业教育适应性背景下多方参与职业教育的框架

通过分析发现,德国在双元制职业教育背景下构建了以政府政策为指引、以企业为主导、以行业协会为补充、以多维经费来源为保障、有多层次职业培训证书的闭环管理体系。以用人单位的人才技能需求为起点,通过培训完成技能培养,然后进行技能证书认定,充分发挥了企业的主导作用,也保证了职业教育受训者职业技能与工作岗位需求的匹配。总之,构建职业教育的多方合作制度框架,确定参与职业教育的各主体的管理权限、职责和工作流程,并围绕人才质量提升构建科学合理的人才培养方案、课程体系、技能证书及文凭衔接模式,是促进职业教育中企业发挥主体作用的制度基础。

根据我国的职业教育现状,建立匹配我国职业教育发展的政府管理体系。国务院、教育部职教司、人力资源和社会保障部、省级的职业教育研究所、行业协会与职业院校等机构共同统筹管理职业教育,为企业发挥在职业教育中的主体作用提供制度、法律和理论保障(图7-4)。

第七章 推动我国职业教育企业主体地位实现的可行性路径

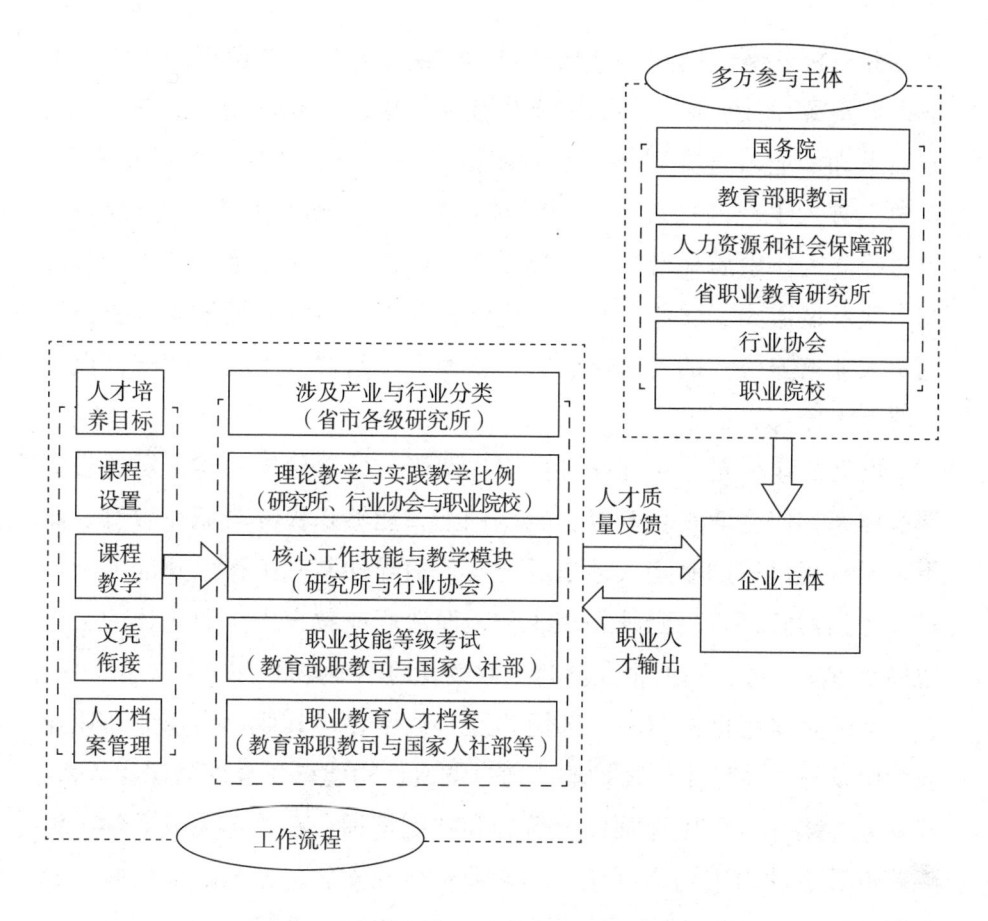

图 7-4 我国多方主体参与职业教育的框架图

省市各级职业教育研究所根据区域经济发展规划和区域发展特色，确定产业转型升级所需的人才核心素质与技能，从而确立各个产业所对接专业的人才培养目标。基于这一前提，各级职业教育研究所、行业协会、职业院校开展深入研讨，分析工作岗位技能变化，审慎确定理论教学与实践教学比例，基于工作岗位流程，构建匹配人才培养目标的综合性课程体系，即技能培训框架。高职院校主要负责理论授课，培养学生理论功底；企业负责实训及技能传授，通过完备的实践课程，包括干中学、顶岗实习、学徒班等，培养学生的职业技能与素质。

职业教育研究所与行业协会还需加强过程性管理，考核课程与人

工业4.0背景下职业教育人才培养模式教育创新研究：基于产教融合理念

才培养目标的契合度和人才培养目标的实现程度。在课程结束后，当地人力资源和社会保障局确定学生技能等级，并颁发技能证书，将技能证书和职业教育文凭体系进行衔接，构建职业教育人才培养体系。在学生进入工作岗位之后，企业对其工作绩效和发展情况进行归档，通过建立人才素质平台数据采集系统，可以判断人才培养模式是否匹配产业发展需要、职业教育的适应性是否得到增强，根据大数据分析判定人才培养模式的动态调整方向，使人才培养匹配岗位需求，提高区域整体育人精准度。

职业教育研究所和行业协会通过调研、科学分析并建立职业教育课程体系，使企业在自身经营的基础上，能够积极参与职业教育，而不至于承担过多的制定人才培养方案等前导性基础工作以及证书衔接和人才档案管理等后延性拓展工作，厘清职业教育中企业主体的工作边界和主要任务，降低企业参与职业教育的不确定性。

与职业教育相关的各个部门相互协调，各司其职，为企业在职业教育中发挥主体作用保驾护航。通过调研，构建科学合理的课程体系，并在人才培养过程中加强课程管理和技能培训，在培养完成后学生能够获得被劳动力市场广泛认可的职业资格和文凭，使他们能够真正成为高素质技术技能人才，使职业教育对接当地产业发展的需要，增强职业教育的适应性。

（二）理顺职业教育中企业主导办学的经费来源

根据前期测算，职业教育中企业作为主体办学时不可避免地产生各种可计量的经济成本和不可测算的隐性成本。我国现有的职业教育框架中关于企业办学成本制定了组合式激励措施，而暂未打出多方筹措资金和税收减免组合拳。对参与职业教育的企业来讲，成本压力非常明显。

职业教育办学经费的筹措也离不开多方主体的协助。企业作为营

第七章 推动我国职业教育企业主体地位实现的可行性路径

利性的利益主体，在参与职业教育时并不能完全按照经济原则行动，但是辅助参与职业教育的企业主体的其他利益方可以为企业筹措办学经费，打造多维立体的经费来源渠道。根据我国目前职业教育的实际情况，构建以国有大中型企业及行业内领先企业经费自筹为主导、以政府与行业协会筹措为有效补充的经费来源体系（图7-5）。首先，行业内国有大中型企业以及领先企业内部开展职业技能培训等职业教育初级形式的培训，鼓励职业院校学生参与职业技能培训。其次，逐步扩大培训范围，并将培训课程向社会公开，社会人员若需要获得技能提升，也可以自费参与企业开展的各类职业教育与培训。这些经费为职业教育中的企业主体提供了可持续发展的活水。

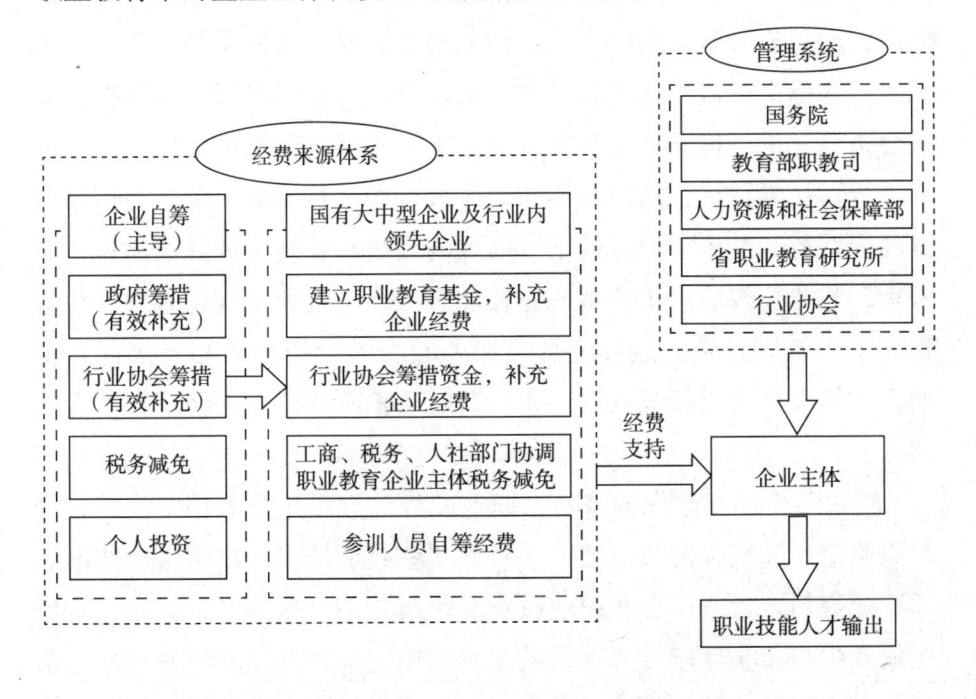

图7-5 我国推动企业参与职业教育的经费来源体系

在经费筹措方面，行业协会可通过扩大行业影响力等方式吸引行业内企业捐赠办学经费。另外，教育部门、人社部门可商议为参与职业教育的企业补充办学经费，例如，为学徒制企业按照学徒数量和学

087

习周期长短提供专用经费。这些经费可以提高企业对职业教育的参与度，也能增强职业教育技能培训对企业岗位的适应性。工商、税务部门等为参与职业教育的企业提供一定程度的税收减免，用于抵扣企业应缴纳的部分税额，调动企业参与职业教育的积极性。

（三）构建职业教育中企业主体的培训成果的认定与转化体系

通过职业技能证书与现有文凭体系的融合，促进职业技能证书社会认可度的逐步提高，也是发挥企业职教主体作用可以着手的方向。在参训人员完成企业培训之后，通过企业考核和技能认定，判定参训人员的技能等级，确定其可以对接的职业岗位。中国职业教育改革发展研究会与教育部、国家人社部沟通协商，对企业发布的某项技能考试的内容标准、流程等进行详细、科学合理的论证之后，可根据行业协会指导意见，确立职业技能等级证书，将其与现有的学历、学位证书进行对接与认证，从而使参与职业教育的人员能够在劳动力市场获得同等对待。基于审慎、科学、细致的调研和技能认证体系建设，在未来，职业院校的学生获得职业技能等级证书之余，可以参与学历教育的下一级别深造，这样能形成职业教育和学历教育相互协同认证的人才培养"立交桥模式"，进一步提高职业教育的含金量和社会认同度。

随着终生学习理念的渗透，职业院校建立学生学习档案，并记录其职业培训所获得的技能证书，根据这些技能证书制定学生个体的长远职业规划。行业协会和职业教育研究所收集这些信息，综合分析职业教育中企业主体培养人才的效率和调整方向，并及时将新技术、新工艺、新流程等纳入职业教育人才培养体系。多个部门协商确定职业技能模块，更新人才培养流程，校正人才质量评价标准，使企业参与的职业教育成为弹性化、灵活化、多元化以及适应不同个体需求的可持续发展的教育。

四、结论与启示

德国在推动企业参与职业教育的过程中，不仅仅依靠企业的力量，更多依靠全社会各个组织机构的合力。政府建立有利于企业发挥主体作用的平台和机制，再引入社会咨询力量，为职业教育的长远发展提供专业咨询意见，为职业教育发展适应产业经济变革保驾护航。除此以外，引入多方主体共同为职业教育的可持续发展提供经费支持。实际上，要推动企业在职业教育中发挥主体作用，离不开关键的三类要素：人员支持、财力支持和发展路径支持。德国职业教育体系恰好系统性地解决了这个问题。首先，德国职业教育的多方参与组织包括德国联邦参议院、联邦职业教育所、行业协会、州职业教育委员会和职业教育施教主体（通过政府严格筛选的大中型企业）。这些组织机构能够从专业人才培养方向、人才培养过程、人才质量评价等多个维度，形成有机统一的整体，相互衔接，相互支撑，共同促进。其次，建立起职业教育发展的多元经费体系。制造业中的大中型企业和经营性服务型企业出资，另外筹措的经费包括企业外集资资助，如向国有企业和私营企业筹措的中央基金、由工会组织筹措的劳资双方基金以及特殊基金。完善的经费体系为职业教育的长远发展提供保障。最后，通过构建全面、系统的运作机制和合作框架，使更多的机构和组织愿意为职业教育的发展进行增益性的探讨，进一步将这些有利于职业教育发展的建议落实到人才培养的全过程中，从而增强人才培养的科学性和适应性。事实证明，德国构建的这一系列制度框架和制定的相应的政策、发展规划，为德国制造业发展奠定了重要的人才基础，提供了技术积累。

德国制造业在全球范围内处于领先位置，离不开技术工人所发挥的知识溢出效应和创新效应。随着全球制造业回流、产业链重构等，越来越多的国家开始关注本国制造业产业链的稳定性，引导制造业回流。推动制造业长远可持续发展的关键在于具有创新精神的各种高素质技术技能人才，而这些人才的培养仅依靠职业院校是远远不够的。我国应开展深度产教融合，推动企业成为办学主体，以跨界资源融合为基础，以政校行企协同育人为框架，共同推进职业教育人才培养。构建企业主体型职业教育体系仍然任重道远。

第八章　企业主体型职业教育的框架构建

工业4.0背景下职业教育人才培养模式教育创新研究：基于产教融合理念

产教融合、校企合作是现代社会高等职业教育的主要办学模式。发挥企业办学主体作用是推动职业教育发展的关键。2017年12月国务院办公厅发布的《国务院办公厅关于深化产教融合的若干意见》提出，"发挥企业重要主体作用，促进人才培养供给侧和产业需求侧结构要素全方位融合"。2019年国务院印发的《国家职业教育改革实施方案》提出，"建立产教融合型企业认证制度，对进入目录的产教融合型企业给予'金融＋财政＋土地＋信用'的组合式激励"。这是深化产教融合、校企合作，发挥企业重要办学主体作用的重大制度创新。2020年教育部等九部门印发的《职业教育提质培优行动计划（2020—2023年）》指出，"健全以企业为重要主导、职业学校为重要支撑、产业关键核心技术攻关为中心任务的产教融合创新机制"。构建以企业为主体、多方协同参与的职业教育体系，是推动人才供给端与区域产业需求端匹配的关键，也是高职教育高质量、可持续发展的基础。

一、企业主体型职业教育的显著优势

以德国双元制的人才培养体系为例，无论是宏观层面的多方主体参与架构，还是微观层面企业办学的经费保障、企业技能培训与社会对职业技能证书的认可等，都保障了企业参与职业教育的制度合法性和实践可行性。在这一前提下，企业围绕岗位标准，提炼岗位核心技能需求，营造真实的教学情境，评价人才质量。这种办学模式能使企业获得长远发展所需的专业对口、技能匹配的高素质技术技能人才。与此同时，通过深度产教融合，职业院校协助企业解决重大技术难题，进一步使企业了解到参与职业教育的现实意义，使企业逐步成为联结人才供给链和社会需求链的重要桥梁。推动企业成为职业教育的办学主体，是促进职业教育育人质量提升的有效手段，也是实现职业教育产教融合发展的有力抓手。

二、德国双元制职业教育的实践路径

德国双元制职业教育体系是一个跨学习与就业、跨教育界与企业界、跨公共部门与私有部门的复杂体系。[30] 德国通过《职业教育法》及相关法规，规定了所有参与职业教育的主体的权责，并对双元制企业入选条件、企业经费来源、实习薪酬发放标准、学徒制参与和退出机制、技能等级证书与法定文凭衔接方式等进行了详细而具体的规定。《职业教育法》既是法律，又类似企业主体型高职教育的发展指南。它与其他法规共同提供了有关职业教育施教主体参与渠道、职业教育经费来源以及职业教育技能培训社会认可等的制度保障，为企业主体型职业教育的发展奠定了坚实的制度基础。德国双元制职业教育的实践路径如下：

（一）多元主体参与

德国政府通过《职业教育法》规定双元制职业教育多方参与机构的权责，这些机构包括德国联邦参议院、联邦职业教育所、行业协会、州职业教育委员会和通过德国《职业教育法》资质标准审核的企业。这些机构承担的职责和发挥的功能十分明确。德国的职业教育中发挥主要作用的是德国联邦参议院、联邦职业教育所和行业协会。德国联邦参议院主要统筹各方主体参与职业教育，完成多方参与职业教育的制度设计。联邦职业教育所牵头进行职业教育发展年度规划，确定职业教育发展方向。行业协会作为公益性的职教主管机构，主要确定职业教育施教过程与人才培养目标的契合，保障职业教育过程的规范，为即将参与职业教育的人员提供咨询建议和职业发展规划建议等。这三个机构相互配合，各司其职，共同构建了德国双元制职业教育背景下多元主体参与职业教育的基本框架。行业协会在每个州还设立了职业教育委员会，主要负责收集和整理职业教育改进措施。与此同时，被遴选进入职教范畴的企业可以获得以上这些机构提供的宏观产业需

工业4.0背景下职业教育人才培养模式教育创新研究：基于产教融合理念

求信息和职业教育发展规划，从而保证技能人才培养过程的科学性、合理性和适应性。

（二）多方主体协作

德国职业教育双元制模式实施过程中，虽然企业作为主体，但并非所有涉及人才培养的事务都由企业独立负责。例如，何种岗位属于紧缺型岗位由德国联邦参议院、行业协会以及职业教育委员会通过调研确定；采用何种技能培养模式、哪些课程可以纳入人才培养过程主要由行业协会、职业教育委员会和企业共同协商确定，且在人才培养过程中，职业教育委员会随时对标和校正人才培养过程与人才培养目标的契合度。多个机构和组织共同为企业主体型职业教育保驾护航，从而使职业教育人才培养这一系统工程达到预期的目标——匹配工作岗位需求。德国通过法律法规明确了这种合作方式，保障了与职业教育相关的多方主体都能参与到人才培养过程中来。"职业教育合同"和《职业教育条例》等还规定了企业对参训员工进行补贴的薪酬标准、争议解决方案以及匹配全国职业资格标准的课程体系和教学模块。这为企业成为职业教育主体提供了制度基础，并且保障了职业教育施教主体进行人才培养的科学性与合理性，也保障了企业作为人才培养主体的纯粹性——按照多方参与框架下的合作模式，按部就班地进行人才技能培养和素质培养，而无须担心其他多种事务带来的各种隐性成本。

（三）多维经费来源

职业教育的经费来源是企业主体型职业教育的经济基础，直接决定了职业教育领域企业办学的自主性、能动性和可持续性。作为职业教育人才培养主体，企业不仅需要投入场地费、人力资源培训费等显性成本，还需投入知识产权和技术专利等隐性成本。不同于一般的政府拨款，德国双元制职业教育背景下主要的办学成本由获得产教融合认证资格的企业承担。此外，职业教育经费来源还包括由政府统筹的中央基金的拨款（由企业赞助）、混合经费资助（针对入选目录的企业的税收减免）、国家资助（相当于政府补贴）等，以及由工会组织筹措的劳资双方基金、个人缴纳的培训费用等。丰富多样的经费来源决定了企业在职业教育教学、培训和管理过程中的管理幅度和边界，保证了施教主体对技能培训过程的主导权和话语权。另外，政府、企业、行业协会等共同筹措经费的方式，使参与职业教育的主体都能更加关注企业主体型职业教育的发展和产出效率，有效平衡了职业教育中企业施教主体的经济性和社会公益性。

（四）技能培训等级证书与文凭的多向融通

《职业教育法》对学生技能培训等级证书与文凭的多向融通进行了详细说明和规定。行业协会的重要工作是开展产业需求调研，了解社会紧缺工作岗位关键技能，并设定技能培训的教学模块、课程体系和考核评价标准，避免了培训理论知识与实践内容脱节。[31] 通过考核认证的学员可以获得技能证书，即通过某个级别的技能考核，可以获得政府颁发的等级证书，并且这些技能证书可以对接联邦政府颁发的文凭。德国的经济与能源部认定这些通过企业培训获得的职业技能证书或文凭与在常规大学获得的学位证书具有同等社会效力。同时，德国构建了职业教育与普通学术教育之间统一的能力认可与换算逻辑。[32] 德国既有职业教育与普通学术教育双向融通的传递型模式，又有职业教育与普通学术教育同步混合型模式。

德国拥有大量技术精湛的工匠，并能在制造业领域有创新性发展，主要得益于职业教育中学校与企业等多方协同参与、多维经费补充、技能证书衔接制度保障下深度的产教融合（图8-1）。这并不是表层的校企合作，而是行业领先企业、行业专家的长期介入。这些专家将企业的技术技能以学徒制等多种长期稳定的方式传授给参训的技术技能

工业4.0背景下职业教育人才培养模式教育创新研究：基于产教融合理念

人才。专家与学员通过持续深耕、钻研某个领域，逐步突破技术难点，这样能使人才培养与产业技术升级下的岗位需求相契合。

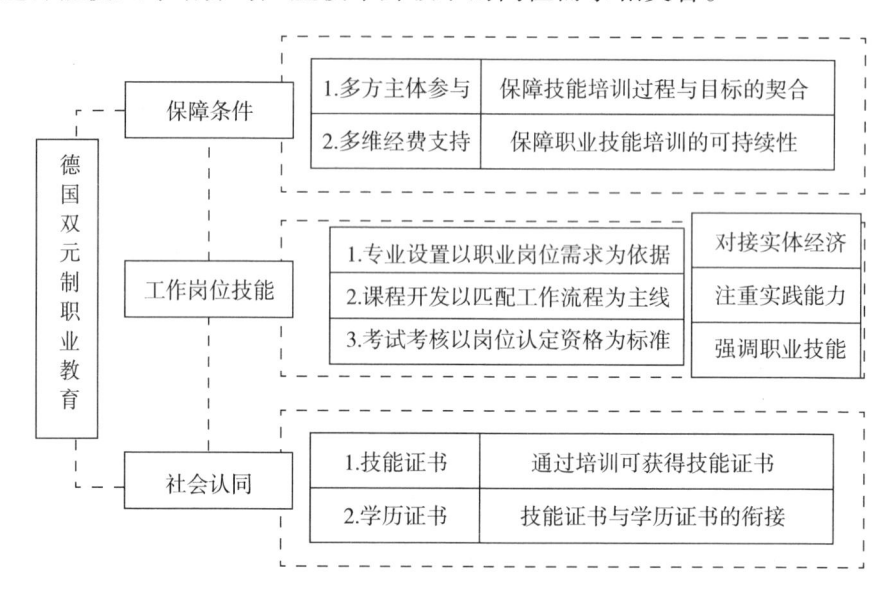

图 8-1　德国双元制职业教育基本框架

通过分析德国职业教育的制度体系、经费来源和文凭认证体系，可以了解到德国双元制职业教育体系以对接企业岗位工作技能为着力点，通过制度设计构建了多方协同合作模式，确定了适应产业需求、满足行业岗位技术要求的技能人才训练路径。其中，制度保障了多方协同合作与多维经费支持，围绕工作岗位技能的培训体系保障了技能培训的适应性和实用性，技能证书与学术文凭的衔接体系使企业主体型职业教育得到了社会认同。这样，德国双元制下的职业教育技能培训体系得到了可持续发展，并为德国先进制造业的腾飞提供了源源不断的高素质技术技能人才和技术积累。

三、推动我国企业主体型职业教育实现的框架构建

我国在实施企业主体型高职教育的实践过程中，应以职业岗位技能为主线，逐步构建适应我国产业经济发展的企业主体型高职教育的制度框架、经费筹措体系以及职业教育技能培训社会认可模式，这样才能真正有利于开展深度产教融合、校企合作协同育人（图 8-2）。

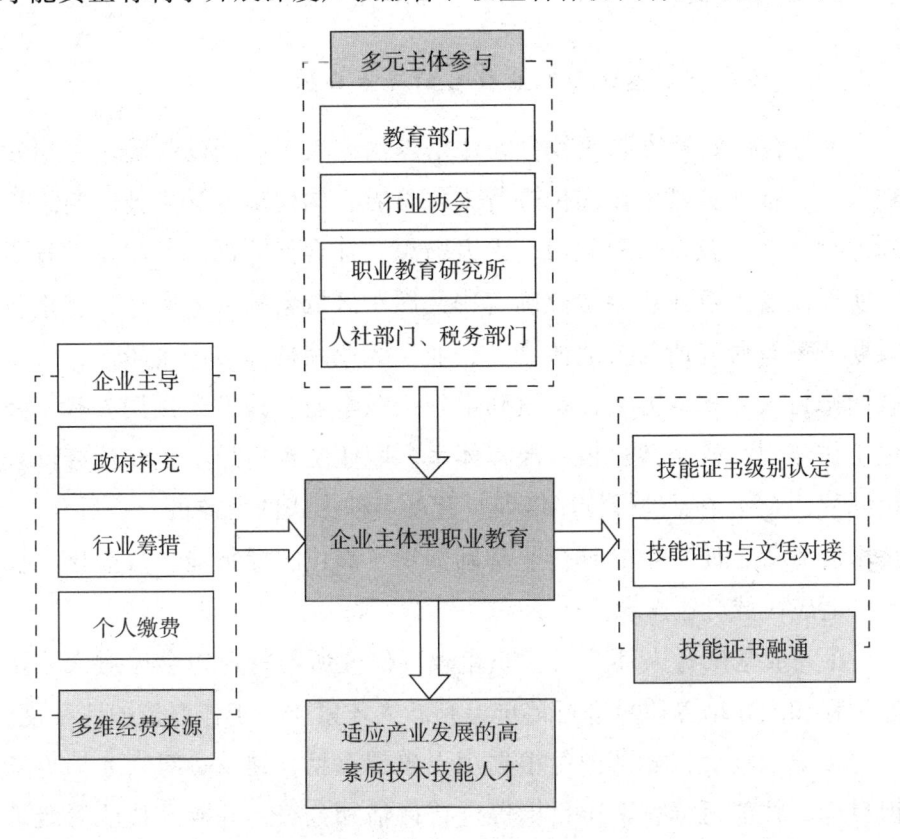

图 8-2 我国企业主体型高职教育的实践路径

（一）建立企业主体型职业教育的多方参与机制

我国构建企业主体型职业教育多方参与机制，需要明确多方参与主体的职责、权限以及工作对接方式。例如，教育部职教司、人力资

工业4.0背景下职业教育人才培养模式教育创新研究：基于产教融合理念

源和社会保障部门、省市级职业教育研究所、行业协会等主要从宏观方面指引企业主体型职业教育适应区域产业需求，包括分析区域行业人才分布特点、各相关工作岗位的核心技能等，确保区域人才整体供需匹配；在微观层面确定哪些课程纳入人才培养、哪些技能等级证书可以衔接学历证书等。多方参与机制是保障企业主体型职业教育顺利实施的现实基础。

（二）推动企业主体型职业教育的多方合作

多方合作要解决职业教育人才培养的三大关键问题：确定区域紧缺人才，依托关键工作岗位进行人才培养，构建培养学生技能与素养的课程体系。教育部职教司、人力资源和社会保障部门、职业教育研究所以及省市行业协会协商确定哪些属于区域紧缺人才类型。省市各级职业教育研究所与行业协会、企业、职业院校开展深入研讨，校企共同修订人才培养方案，审慎确定理论教学与实践教学比例。基于岗位工作流程，校企共建核心课程体系。职业院校指导学生在校修读理论课程，企业主要进行技能培训。开展多种形式的学徒班、项目合作、技术服务等，使学生兼具行业基础知识、岗位实操技能、行业核心技术，适应区域产业需求。

在完成基础育人环节后，职业教育研究所与行业协会应对人才培养过程和人才培养质量进行评价，判断人才素质与工作岗位的匹配度。人力资源和社会保障部门等根据用人单位意见和建议，对人才培养知识目标、技能目标、素质目标等进行评估和分级，并颁发技能等级证书。在逐步提高技能证书含金量的同时，开展技能证书与文凭的横向融通和纵向贯通探索：横向融通是指技能证书与文凭的对等换算；纵向贯通是等级证书的分级，包括初级、中级和高级对应的岗位标准。这样有利于使我国职业教育得到社会认同。各个部门相互协调，为职业教育中企业发挥主体作用保驾护航，使学生成为区域产业发展所必需的高素质技术技能人才。

应在区域试验的前提下，逐步完善各省市教育厅职业教育研究所、人力资源和社会保障部门、行业协会、企业、职业院校等多方主体的合作框架，建立并完善企业主体型职业教育的制度，推动职业教育与区域产业需求的有效对接（图8-3）。

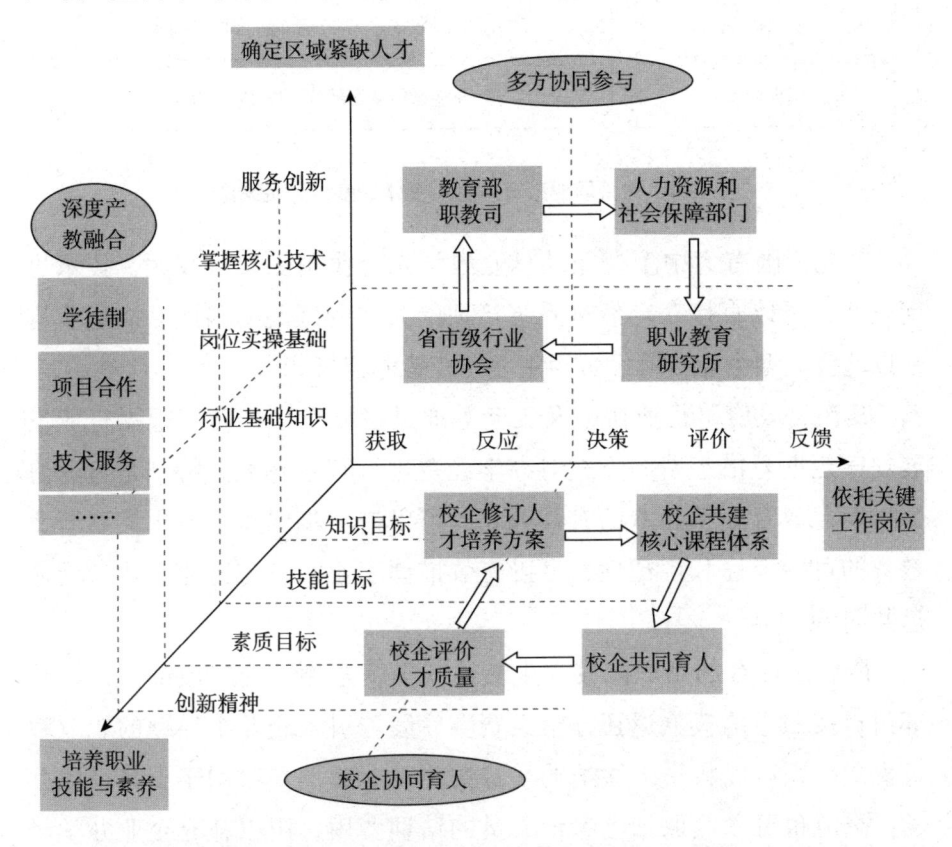

图8-3 企业主体型职业教育多方协同育人实践路径

（三）完善企业主体型职业教育的多维经费来源

经费的多元来源渠道对企业主体型职业教育的可持续发展具有重要的意义。应完善企业主体型职业教育的多维经费来源（图8-4）。

企业自筹（主导）	制造业大中型企业及经营性服务型企业出资（主要渠道）
企业筹措（有效补充）	政府设立专项经费，补充企业办学经费
行业协会及工会（必要）	根据行业发展规律定期筹措经费，直接补贴
税收减免	政府提供税收优惠（专项扣除、固定扣除等）
培训收费	学生缴纳学费部分，按比例支出

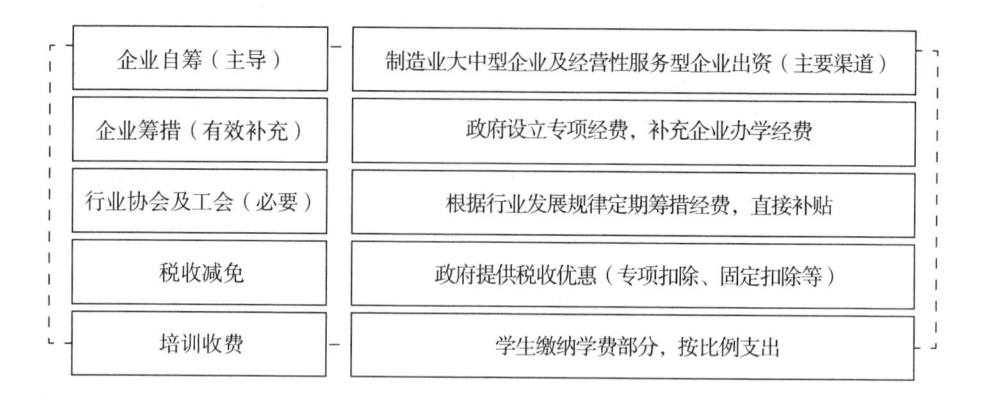

图 8-4 完善职业教育中企业主体的多维经费来源

首先，国有大中型企业及行业内领先企业用工数量较大，技术更新较快，可以直接获得经过系统培训的人才的红利。因此，应逐步构建以这些大型企业自筹经费为主导的经费筹措模式。

其次，政府、行业协会及工会等通过设立专项经费、根据行业发展规律定期筹措经费等方式对办学经费进行有效补充。特别是行业协会对职业教育办学经费的有益补充，可以进一步保障企业主体型职业教育的可持续性和广泛性，可以有效推动职业院校与行业企业形成命运共同体。[33]

最后，现有的高职院校学生缴纳的学费全额上交财政部门，财政部门再按照生均拨款返还办学经费。后续若引入企业主导型的职业教育模式，则可以将学生缴纳的学费按照一定比例专项用于支持企业办学；企业也可以收取社会参训人员的培训费用，用以补充企业办学经费。行业协会等组织可以通过扩大行业影响力等方式筹措办学经费，吸引更多具有产教融合资质的企业加入职业教育培训体系；另外，可以考虑与人力资源和社会保障部门等对参与学徒制的学员按照实习周期、实习成果等进行综合考量，并按照企业技能鉴定成果向参训人员提供专项经费补贴。政府还可以通过税收减免和设立职业教育优秀企业称号等方式，提高参与职业教育的企业的社会认可度和美誉度，使这些企业能够增强主动融入职业教育的责任感和社会价值感。

(四) 构建职业技能证书融通体系

职业技能证书与普通学历证书的融通是提高职业技能培训社会认可度的关键。现阶段的职业技能证书考核方式大都是通过一段时间的培训，考试通过即可。这样，尽管学生的理论知识非常丰富，但是实践经验不足。要构建职业技能证书融通体系，就要对现有的职业技能证书的获取方式，以岗位技能实操与岗位技能技术为导向进行改革：一方面，职业教育研究会与人力资源和社会保障部门、行业协会进行沟通与协商，对企业发布某项技能考试的内容标准、流程等，对通过企业考核和技能认定的学员，判定其技能等级，确定其可以对接的职业岗位。另一方面，教育部与人社部门考虑企业主体型的职业技能证书与常规学术文凭的比对和衔接，这也是提升职业教育技能培训含金量的重要渠道。例如，确定学生通过技能训练获得的证书对应的学术文凭的级别、获得哪些技能证书可以以同等学力条件申报参与下一级学术深造等。逐步构建高素质技术技能人才培养的"多项互联立交桥"模式，使职业院校毕业生能成为工作岗位中受人尊敬的具有高技能、高素质的专业人士。

职业技能证书与普通学历证书的融通是推动企业主体型职业教育获得社会认同的关键。这两种证书融通，有利于职业院校的学生获得相应级别的工作岗位，并获得预期报酬和长远的职业发展机会，这样，职业教育作为一种重要的教育类型，才能被社会大众认可。

四、结论与启示

我国的职业教育仍然以高职教育为主。我们对于产教融合、校企合作开展了多种形式的有益探索，包括建立学徒制、行业企业协同班

工业4.0背景下职业教育人才培养模式教育创新研究：基于产教融合理念

等，然而要实施企业主体型职业教育仍然任重道远。企业熟悉工作岗位流程、工作技术条件以及岗位所需的职业素养，清楚综合性岗位标准所对接的知识目标、素质目标和能力目标等。以企业为主体开展职业教育，能够最大限度缩短人才链与产业链之间的距离。因此，目前可以分阶段、分步骤、分范围地逐步推动职业教育中的企业发挥人才技能训练的主体作用。可以先从人才培养方案入手，职业院校与企业共同商定人才培养目标和课程体系，使人才培养模式由以理论为依托向以实践技能为重点转变。

德国双元制职业教育之所以能够成功，主要是因为建立了以岗位技能培训为核心的培训体系，经过科学的课程体系培训的学员能够真正上岗任职并获得职业发展机会，职业教育和技能培训最终落到实处。我国推行企业主体型职业教育，需要建立有关职业教育发展规划和操作细节的多方协同参与机制，为企业承担职业教育提供配套的多维经费支持；构建以多方跨界合作为基础、以对接岗位技能为目标、以多方协同的职业技能培养体系为依托、以技能证书对接岗位和融入现有文凭体系为目标、企业主导人才质量评价的闭环管理系统。这样才能使职业教育人才供给侧和实体产业经济需求侧契合，才能使职业教育为区域经济发展提供源源不断的高素质技术技能人才，不断提升我国产业经济在全球范围内的核心竞争力。

第九章　以企业为主导的第三方职业教育质量评价体系

工业4.0背景下职业教育人才培养模式教育创新研究：基于产教融合理念

2014年6月教育部等六部门印发的《现代职业教育体系建设规划（2014—2020年）》中指出："注重发挥行业作用，支持行业协会开展职业院校人才培养质量评估，提高人才培养质量和机构与行业需求的匹配度。鼓励企业、用人单位开展毕业生就业质量、满意度等评价。积极支持各类专业组织等第三方机构开展质量评估。"2020年10月，中共中央、国务院印发了《深化新时代教育评价改革总体方案》，对政府、学校、教师、学生、用人单位等主体均提出了评价改革的重点任务，为各个主体参与职业教育质量评价、支持第三方评估奠定了政策基础。2021年10月，中共中央办公厅和国务院办公厅印发了《关于推动现代职业教育高质量发展的意见》，提出要"完善质量保证体系"，为职业教育深化改革树立了风向标。随着相关政策的出台，职业教育第三方质量评估已成为提高职业教育办学水平与人才培养质量的重要突破点。这些文件针对职业教育质量评价主体，提出了有别于传统办学主体（高职院校）和教育管理机构（教育行政管理部门）的第三方人才质量评价理念，即从企业、行业组织、家长以及学生维度出发，构建职业教育质量评价体系。这能在一定程度上推动高职教育的人才培养与区域经济发展需要、企业岗位需求相匹配，从而促进职业教育质量的不断提升，培养出产业经济迫切需要的高素质技术技能人才。

企业是最终接收毕业生的主体，其评价意见对职业教育具有重要导向作用。在以企业为主导的第三方职业教育质量评价中，以企业、行业组织等非施教机构的评估指标为主，通过一定的程序和方式，客观系统地评估职业教育质量。评估指标由第三方主体根据企业发展需要以及行业发展趋势科学拟定。采用这一评价模式能够更全面、客观地开展人才培养质量的检验与评估。

第九章 以企业为主导的第三方职业教育质量评价体系

一、评价对象：职业教育质量

在建立第三方职业教育评价体系之前，需明确评价对象。以往文献中，没有清楚地界定职业教育质量的内涵与外延，它既不同于高职院校教育质量，也不同于高职院校的教学质量。[34] 高职院校教育质量是强调在整个教育实施过程中各种工作的效率，包括教学与行政工作等。教学质量是强调教学活动结束后对施教过程以及施教结果的评价。对比高职院校教育质量，教学质量涉及的评价指标范围更加狭窄，这两者都是从高职院校内部的层面来评估各项教学活动，而没有综合考虑职业教育体系与外部经济环境的关联以及职业教育与企业各个岗位的衔接，容易陷入"闭门造车"的困境。职业教育质量的内涵更加丰富。界定清楚职业教育质量，是开展第三方职业教育评价的前提和基础。

（一）职业教育质量内涵

我国国家标准 GB/T 19000—2016（等同于国际标准 ISO 9000：2015）对质量概念的解释是"一个关注质量的组织倡导一种通过满足顾客和其他有关相关方的需求和期望来实现其价值的文化，这种文化将反映在其行为、态度、活动和过程中。组织的产品和服务质量取决于满足顾客的能力，以及对有关相关方的有意和无意的影响。产品和服务的质量不仅包括其预期的功能和性能，还涉及顾客对其价值和受益的感知"。2012 年 3 月，教育部印发《教育部关于全面提高高等教育质量的若干意见》。该意见指出："全面实施素质教育，把促进人的全面发展和适应社会需要作为衡量人才培养水平的根本标准。建立健全符合国情的人才培养质量标准体系，落实文化知识学习和思想品德修养、创新思维和社会实践、全面发展和个性发展紧密结合的人才培养要求。会同相关部门、科研院所、行业企业，制订实施本科和高职高专专业类教学质量国家标准，制订一级学科博士、硕士学位和专业

工业4.0背景下职业教育人才培养模式教育创新研究：基于产教融合理念

学位基本要求。鼓励行业部门依据国家标准制订相关专业人才培养评价标准。"

根据上述文件，本书将"职业教育质量"定义为职业教育满足社会需要的程度，侧重考察毕业生技术能力与职业岗位匹配程度，关注职业教育中的人才培养质量。职业教育质量的核心包含三个层次，如图 9-1 所示：在宏观层面，高职院校能够持续不断地向社会输送人才，促进国家经济特别是制造业的长远可持续发展；在中观层面，随着产业技术进步，高职院校培养的学生的各项职业能力和职业素养能匹配企业岗位的能力要求；在微观层面，高职院校提供的各项教育以及培训符合学生的个性特点，得到学生以及家长的认可，有利于实现学生的全面、长远发展。

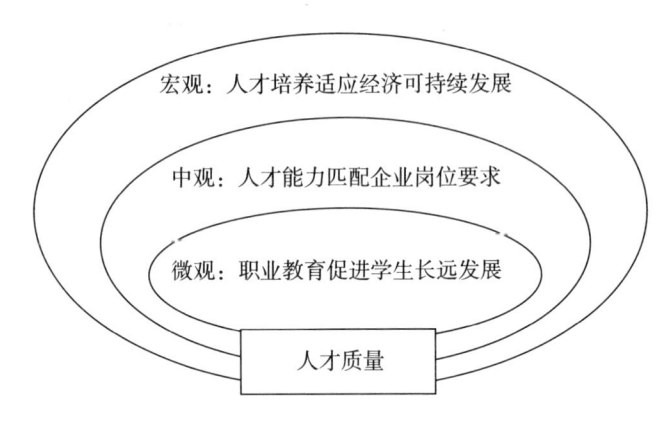

图 9-1 职业教育质量的层次图

在构建以企业为主导的第三方职业教育质量评价体系过程中，着重考虑的是中观层面：高职院校培养出来的学生的职业能力和职业素养与企业岗位需求、工作技能标准以及职业发展的匹配程度，毕业生在工作岗位上各项职业能力与职业素养的表现，人才培养过程是否科学合理，毕业生进入企业工作之后对工作的满意程度，以及职业教育与区域经济的匹配程度。

（二）职业教育质量的特点

在第三方职业教育质量评价体系建立之前，还需要明晰职业教育质量的特点。

首先，职业教育质量不同于高职院校教育质量。在高等职业教育方面，国家和职业教育管理部门根据我国具体国情，制定职业教育发展长期战略，高职院校制订人才培养方案，构建课程体系，并最终使其落实、完善。高等职业院校是职业教育质量的重要载体。若简单地认为职业教育质量就是高职院校教育质量，则在建立评价体系时容易过分关注高职院校办学水平的各项指标，如硬件设施、师资、实训室建设达标程度等，而较少关注高职院校培养的学生的能力等指标维度，同时忽略了职业教育中其他参与主体的作用，较易陷入本末倒置的局面。

其次，职业教育质量不同于教学质量。在高职院校教学过程中，教师根据学院人才培养方案以及学习指导计划，以校内各种实训资源为依托，培养学生面向企业要求的职业道德和技能。教学质量是强调施教过程的效率。而职业教育质量不仅包含教学质量，还包括在完成各类教学活动之后，毕业生的能力与素质等与社会经济发展需要的匹配程度等。一般来说，评价教学质量时更为注重教学主体（如教师）的水平和能力，评价职业教育质量则更强调接受教育的客体（主要是学生）在教学过程中获得的知识、技能和形成的职业态度等。教学质量是职业教育质量的保证，职业教育质量是教学质量的直接结果。

二、评价主体：以企业为主导，多方参与

建立职业教育质量第三方评价机制，要改变由施教机构来评估施教效果的做法，应让一个第三方机构对职业教育质量进行诊断性评价，即引入具有相应的资质并熟悉专业人才培养模式以及人才能力层次的

第三方评价主体，从而保证评价过程的独立性。第三方机构成员应以企业及行业组织为主，以施教机构为辅，家长和毕业生等共同参与职业教育质量评价（图9-2）。[35]

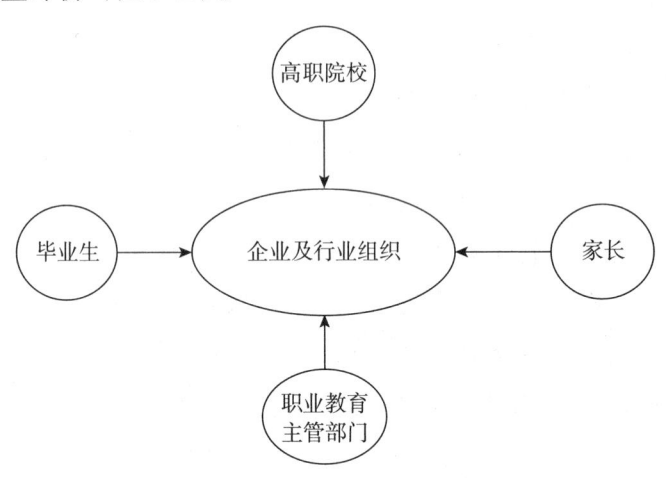

图 9-2　职业教育第三方评价主体及其他参与方

保证职业教育质量评价过程中第三方评价主体充分发挥作用，需要从以下两个方面着手。一方面，进一步明确企业的主导地位，包括立法保障和多方合作框架构建，使企业能够主动嵌入职业教育体系中。明确企业主导地位的同时，推动企业参与职业教育人才培养、职业教育质量评价以及职业教育适应性提升的全过程。另一方面，从决策、经费来源和评价体系等多个维度为职业教育适应性提升保驾护航。

（一）进一步明确企业的主导地位

国家不少文件中已经提出以企业及行业组织为主导的第三方评价主体的概念。要保障职业教育质量，相应的文件中缺乏具体的评估细则和落实方法，这就需要国家通过立法的形式，明确职业教育质量评价中企业及行业组织为主导的合法地位，适当减少教育管理职能部门以及高职院校评估的比重。

第九章 以企业为主导的第三方职业教育质量评价体系

除了确定企业作为职业教育的办学主体以外，推动企业多维度、深层次嵌入职业教育人才培养全过程仍然任重道远。一方面，企业是营利性主体，其大量的时间和精力用于盘活企业资源，实现有效运营。而职业教育人才培养是投入较大的长期性活动，单纯依靠企业来承担育人主体责任，可能并不利于职业教育的长远发展。另一方面，企业嵌入人才培养的全过程，除了需要制度建设以外，还需要各种咨询支持、经费支持以及人才质量评价认证等共同协助。特别是以企业为主导的人才质量评价中，判断职业院校毕业生的知识、能力、素质是否符合产业工作岗位的基本要求，职业院校毕业生是否具备可持续发展的职业成长能力等，也需要制度支持和第三方机构参与。

（二）转变思路，多方参与评价

职业教育质量第三方评价针对的不仅是学生在校阶段的受教育过程，也关注高职院校授课的知识体系与用人单位岗位标准之间的契合度、学校课程设计层次和不同岗位能力的吻合度、人才培养目标与毕业生职业长远发展的匹配程度。企业及行业组织应根据当地用人单位岗位标准、职业技能类型等，对学校人才培养方案、课程标准、主干课题体系以及实训内容进行多维度评价。

施教机构（包括高等职业院校、职业教育主管部门等）应转变思路，积极配合企业和行业组织评价职业教育质量，提供辅助性评估资料。高等职业院校将涉及职业教育质量的相关指标（如教学资源指标等）从高职院校运营效率评价体系中提炼出来，并从毕业生就业岗位、薪资水平以及职位晋升等角度来参与评价职业教育质量。这一评价体系不再局限于高职院校内部，而着重评估毕业生进入劳动力市场之后的职业能力。尽管评价思路发生改变，但施教主体仍需要积极参与评价过程。职业教育主管部门应注重引导企业与学校协同合作，鼓励企业及行业组织对学校的课程、教师的授课方法以及人才培养方案提出专业意见，逐步了解高职教育的特点和学生的学习模式，更有针对性地为后期的评估奠定理论和实践基础。

三、建立职业教育质量评价流程

高职教育评价的目的是促进高职院校培养出与经济发展、企业需求相匹配的人才。建立以就业为导向的职业教育质量评价体系，有利于将教学过程以及事后评估等各个环节有机整合，有利于使人才培养与企业需求相契合。有学者将高职教育的评估体系分为过程性评价和终结性评价，其中，过程性评价是评价学生由入学开始到进入社会工作之前的阶段的整体表现，终结性评价主要关注学生进入社会工作之后的表现。[36]第三方职业教育质量评价体系是以就业为导向的评价体系，侧重于学生在工作岗位上各项职业能力与职业素养的表现与学校人才培养过程是否科学合理的终结性评价（图9-3）。

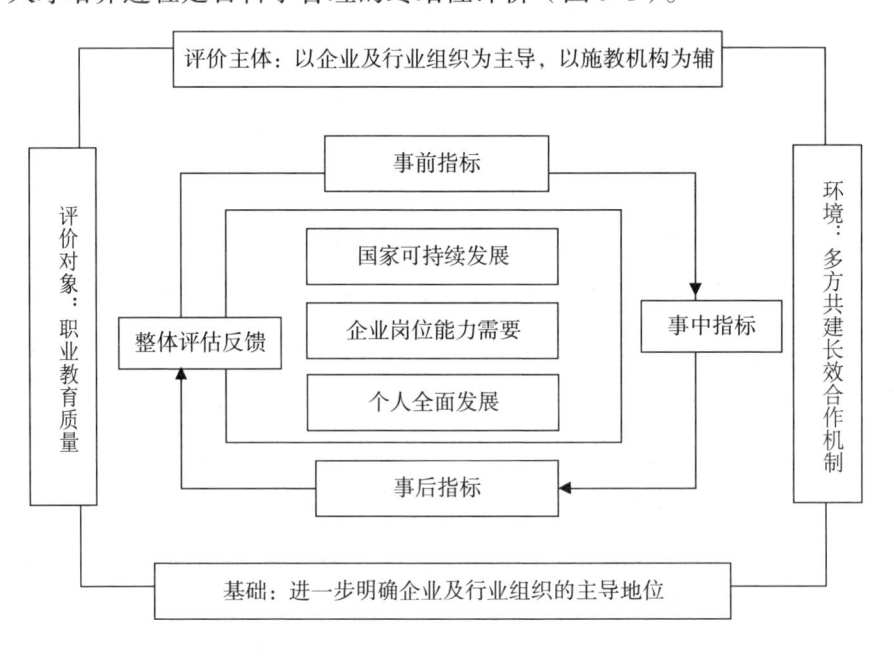

图 9-3 第三方职业教育质量评价机制的框架

由图 10-3 可知，职业教育质量评价体系的评价内容包括开展教学之前的事前指标体系，如人才培养计划、课程标准、技能培训的安排；教学实施过程中的事中指标体系，如教学资源、教学质量；完成各项教学任务后毕业生进入劳动力市场后的职业能力和职业素养与工作岗位标准的吻合度，即事后指标体系。

四、构建职业教育质量评价指标体系

大多数学者认为，专业评估指标应包括资源条件指标、过程状态指标以及绩效成果指标。周应中在高职专业第三方人才培养质量评价体系构建中提出，将整体评价方案设定为"人才培养目标与方案""人才培养资源开发与利用""人才培养过程与控制""人才培养绩效"四个方面。[37]陈寿根提出，从专业建设管理、资源开发利用、人才培养过程控制、测量分析改进和绩效五个维度来建立高职教育专业评估制度。[38]李玉静等从整个职业教育体系评估、职业教育机构办学质量评估和具体教学过程评估等角度提出了相应的指标体系，主要从职业教育质量的事前评估、事中评估以及事后评估三个维度来构建以企业为主导的第三方职业教育质量评价体系。[39]秦凤梅等提出，校企共建专业是一个多维度、多层次的矩阵合作机制，既包含时间维度，又包含空间和价值维度；构建基于 CIPP 模型的评价指标体系，遵循动态发展和效能平衡原则，将校企双方的需求、目标、条件、过程、结果、发展等质量因素设计其中，突出评价的发展性功能，确保评价科学、适用、可行。[40]这些质量评价体系着重关注如何提高人才质量，以及进一步使职业教育适应技术变革，适应产业岗位胜任能力的需要。

（一）事前评估指标

事前评估是指在专业筹建与人才培养方案制定时，每年定期由行

工业4.0背景下职业教育人才培养模式教育创新研究：基于产教融合理念

业专家、企业高级管理人员与校方组成专业筹建研讨会，从区域人才定位的角度，评估区域经济发展规划与专业进入、退出的同步程度以及区域人才需求计划与专业建设的匹配程度。事前评估有利于使人才培养从一开始就与当地企业以及区域经济长远发展达成一致，可以较好地评估未来潜在的高职类劳动力供给状况。以企业为主导的第三方评估使学校在专业筹建、规划时就着重考虑市场以及企业人才需求与专业培养方案的吻合程度（表9-1）。

表9-1 事前专业筹建与人才培养方案指标体系

一级指标	二级指标	具体指标
专业筹建与人才培养方案A	A1 区域人才定位	A11 区域经济发展规划与专业进入、退出同步程度，区域人才需求计划与专业建设匹配程度
	A2 专业筹建、规划	A21 市场以及企业人才需求与专业培养方案吻合程度
	A3 人才培养方案	A31 职业能力、岗位标准、职业发展与人才培养方案、课程体系、技能培训体系的匹配程度

高职院校在制订人才培养方案时需考虑职业能力、岗位标准以及职业发展与人才培养方案、课程体系以及技能培训体系（包括实训课程）的匹配程度，这与专业筹建、规划相辅相成，是职业教育开展前的关键筹备阶段，也是职业教育质量的前提保证。

（二）事中评估指标

事中评估指标即教学实施过程中需要评价的指标，主要包括两个方面：一是培养人才所需的各种资源——教学人力资源与教室及实训室等物质资源（表9-2）；二是人才培养过程管理模式，主要包括引导教师在教学中重点培养学生的职业能力和职业素养。

第九章 以企业为主导的第三方职业教育质量评价体系

表 9-2 事中教学资源配置指标体系

一级指标	二级指标	具体指标
教学资源配置 B	B1 教学资源	B11 专业指导委员会：专业指导委员会例会次数、企业人员构成比例、作用评估反馈 B12 教师团队：双师素质与双师技能型教师比例、企业兼职教师比例、教师到企业锻炼平均周数、教师学历层次以及职称结构特点
	B2 教室及实训资源	B21 教室资源：多媒体教室比例、教室数字化程度、多功能教学厅数量 B22 校内实训室与专业匹配程度、实训室开放次数、实训室利用效率 B23 校外实践基地数量与使用频率 B24 校企共建的公共教学平台规模与利用程度
	B3 网络拓展资源	B31 教学网络平台建设程度、资源丰富程度

表 9-2 所示是保证教学活动顺利进行的各种教学资源，基础人力与物力资源是高职教育质量的保障条件。此外，高职院校要获得良好的教学效果，使毕业生各项能力和素养符合企业及其他用人单位的工作岗位标准以及毕业生自身的职业发展需要，在建立评价机制时还需考虑职业能力和职业素养（如人才素养、职业态度等）等评价指标对职业教育的引导作用。

职业能力可以被定义为个体将所学的知识、技能和态度在特定的职业活动或情境中进行类化迁移与整合所形成的能完成一定职业任务的能力，主要包括一般专业能力、专业能力和综合能力。职业素养是指人们在社会活动中需要遵守的行为规范，是职业内在的要求，是一个人在工作过程中表现出来的综合素质，主要包括职业道德、职业态度以及工作技能等。具体的事中人才培养过程管理指标体系如表 9-3 所示。

表 9-3 事中人才培养过程管理指标体系

一级指标	二级指标	具体指标
人才培养过程管理 C	C1 课程体系模块	C11 教材：理论教学与实验教学比例、课程体系设计与职业能力匹配度、教材更新程度与市场需求变化程度的距离 C12 教学：模块化教学实践程度、教学的差异化与层次化程度、授课模块难易层次化程度 C13 成绩评估：课程专业化与实用性契合程度、课程成绩标准设定方案
	C2 职业能力培养指标	C21 职业能力模块清晰化程度（一般专业能力、专业能力以及综合能力）与企业认可程度、学生理解并接受程度 C22 职业能力与岗位标准匹配程度、企业认为的教学项目合理化程度、学生技能课程完成比例、技能项目完成比例 C23 知识体系难度层次性与职业发展能力匹配度 C24 校企合作职业技能大赛举办次数、学生参与社会公开竞赛人数及比重、学生参与专业相关商业活动次数 C25 学生参与各类创新项目程度及其占比 C26 学生一般专业能力在授课与实训中体现方式及其占比 C27 工作岗位专业能力在授课与实训中体现方式及其占比 C28 校企合作实习机会涉及人数占比
	C3 职业素养培养指标	C31 学生人文知识、科学知识、生活知识以及心理承受能力评估 C32 团队协作能力、敬业精神等评估 C33 毕业生工作技能评价方案及其实施程度

在这一阶段的评估中，侧重评估的是学校人才培养方向与企业需要的一般专业能力、专业能力和综合能力的吻合程度，以及人才培养目标与职业素养指标和企业需要的各项能力之间的差异。例如，在职业能力方面，需重点评估职业能力与岗位要求的匹配程度、企业认为的教学项目合理化程度、学生技能课程完成比例、技能项目完成比例；另外，还要评估专业能力在授课与实训中的体现方式及其占比、校企合作实习机会涉及人数占比等。

职业素养评价包括职业道德评价和工作技能评价两大部分。通过学生人文知识、科学知识、生活知识以及心理承受能力评估等来衡量职业院校对学生职业素养的重视程度。另外，还要评估毕业生工作技能企业评价方案及其实施程度。

（三）事后评估指标

在完成各项培养之后，毕业生正式进入劳动力市场。检验毕业生是否能满足社会需要的评估内容包括毕业生能否找到与本身专业相关的工作岗位、在校期间培养的各种能力（如基础共性的职业能力以及专业发展能力）是否能够匹配工作岗位的需要、在校期间的各项综合培训能否应对工作的复杂程度、毕业生的综合表现能否让企业等用人单位满意。企业等用人单位建立针对毕业生的综合满意度评价指标体系，从而对政府、企业以及高职院校综合培养模式下的毕业生的质量进行评估反馈，若毕业生质量存在不足，再着重在企业与高职院校协同发展的过程中调整人才培养方案，并不断更新培养学生的具体内容，如表 9-4 所示。

表 10-4 事后人才培养质量评价指标体系

一级指标	二级指标	具体指标
人才培养质量 D	D1 整体就业指标	D11 毕业率、学历证书与技能证书获取比例、平均薪酬水平、就业岗位类型占比
	D2 职业发展指标	D21 职业认可程度、就业跟踪稳定性水平（如三个月更换职业比重）、岗位胜任程度、职业生涯规划完善程度、对职业晋升途径的了解程度
	D3 企业满意度指标	D31 对毕业生知识基础的满意度、对毕业生职业能力的满意度、对毕业生职业素养的满意度、工作岗位与毕业生能力匹配程度、毕业生在工作中的可持续发展能力水平、毕业生招聘费用占年度招聘费用比例、毕业生培训费用占比变化趋势
	D4 家长满意度指标	D41 对毕业生职业状态的满意度
	D5 毕业生自我评价指标	D51 毕业生对课程体系的满意程度、毕业生对就业指导和技能培训认可的比例 D52 毕业生认为学习方式与现实工作岗位适应的程度、毕业生自我职业定位认可程度、职业适应感水平、职业满意度

五、结论与启示

职业教育作为一种技能培养教育，不同于传统的理论学科教育，职业教育质量评价应以企业需求为出发点，提高评价的效度。高职院校应通过构建以企业为主导、多方参与的第三方职业教育质量评价体系，改变以往在评估过程中过分依赖学校施教主体自评的做法，构建以企业对毕业生的具体就业能力与岗位匹配程度的评价为主的考核评估体系，包括人才培养之初的专业筹建与人才培养方案评价、人才培养全过程的增值性评价以及人才培养完成之后的全方位评价。政府通过鼓励和立法支持，保障企业在职业教育质量评价过程中的主导地位，

第九章 以企业为主导的第三方职业教育质量评价体系

使企业、行业组织等主动参与高职院校新专业的筹建、课程体系标准的更新以及人才培养模式的创新。这样，学生在接受职业教育之初，就能从专业选择方面紧跟区域经济发展趋势；高职院校可以通过事中教学资源配置指标体系、人才培养过程管理指标体系两大指标体系，评估学生进入高等职业院校接受职业教育时是否可以获得有针对性的职业能力以及就业岗位技能培训。在毕业生正式进入就业市场之后，高职院校通过事后人才培养质量评价指标体系来评估学校办学水平以及职业教育质量。

除了评价指标体系的构建，另外更加值得关注的是如何使这些指标嵌入日常教学中，即如何通过有效的途径保障教学过程中能够落实各项指标考核的内容，并且这些指标应具有督促和改进教学的效果，能够为职业教育长远健康发展提供助力，而并非为了达到这些指标使高职院校背上更多的"管理债"。此外，目前高等职业院校在人才培养过程中还存在一些不足和短板，利用现有的政策红利，建立适应我国经济发展的职业教育人才培养体系，建立有利于职业教育可持续发展的第三方质量评估机制，有利于推动职业教育人才培养迈入新阶段。

第十章　广东省高职专业建设适应产业发展的优化路径

工业4.0背景下职业教育人才培养模式教育创新研究：基于产教融合理念

一、专业适应性建设的基本要义

2018年6月，中共广东省委十二届四次全会创新性地提出："以构建'一核一带一区'发展格局为重点，加快推动区域协调发展。全面实施以功能区为引领的区域发展新战略。"高等职业教育是与区域产业发展联系紧密的一种教育类型，产业需求是职业教育人才培养的第一动力。高职专业建设适应产业发展，是提高职业教育人才培养质量的关键。2020年10月，党的十九届五中全会审议通过《中共中央关于制定国民经济和社会发展第十四个五年规划和二〇三五年远景目标的建议》，其中明确指出："加大人力资本投入，增强职业技术教育适应性，深化职普融通、产教融合、校企合作，探索中国特色学徒制，大力培养技术技能人才。"要增强职业教育对产业的适应性，重中之重在于高职专业设置与区域产业结构匹配，毕业生能力适应企业岗位需求。本章从增强职业教育适应性的视角，探索"一核一带一区"背景下广东省高职专业建设的一般规律。

二、增强专业适应性建设的理论研究

不少学者从宏观层面探讨职业教育适应区域经济发展的理念及实现路径。邢顺峰提出，健全贯通衔接的职业学校体系，构建多元协同的产教融合体系，完善以《中华人民共和国职业教育法》为统领的现代职业教育制度体系，建设动态更新的职业教育标准。[41]葛道凯指出，建立中等职业教育、专科高职教育、本科职业教育和专业学位研究生教育一体化的现代职业教育体系，使职业教育适应产业升级带来的人才结构性调整。[42]唐以志认为，1+X证书制度可以有效增强职业教育的适应性。[43]邢晖从政策、目标、功能、体系、制度、供给、保障、治理等十个方面探讨如何增强职业教育的适应性。[44]赵晶晶、张智等通过实证分析认为，高等职业教育与区域发展具有动态耦合关系，因

第十章 广东省高职专业建设适应产业发展的优化路径

此建议将产业聚集区建设和高等职业教育统一规划，多部门合作，以增强职业教育的适应性。[45]李如秒、任宗强提出，在智能制造背景下从供给侧对职业教育进行改革：从以就业为导向转向以人为本的职业生涯发展导向，从以技能教学为核心转向以创新能力培养为核心，从面授教学方式转向人机协同的数字化学习方式，构建以职业适应性为导向的职业院校智能制造人才培养模式。[46]徐小容、朱德全认为，职业教育质量管理的过程是区域经济社会单向"倒逼"职业教育质量提升的过程，从而使职业教育由"机械性适应"转变为"增益性适应"。[47]徐莉亚提出，通过加强特色专业与潜力专业建设、构建人才需求预测与专业结构动态调整机制等方式来推动职业教育适应产业结构。[48]

职业教育适应经济发展的微观研究主要着眼于产教融合。增强职业教育适应性是整体目标，产教融合是推动职业教育适应区域经济发展的重要媒介。姜大源指出，产教融合是职业教育的发展方向，职业院校要逐步促进教育链与产业链衔接。[49]周凤华、杨广俊强调，深化产教融合的关键是企业参与职业教育。[50]孙善学提出，深化产教融合理论与实践的四个要点是职业需求、职业胜任力、典型工作任务以及职业环境。[51]谢敏、顾军燕构建了校企融合的评价模型和三级指标体系，这是对深化产教融合的量化研究。[52]周绍梅指出，目前产教融合的困境在于企业参与职业教育的动力不足以及缺乏完善的相关制度等。[53]

综上所述，现有文献对职业教育适应产业结构进行了深入的探讨，如产业结构与专业设置、人才培养、运行保障、实现路径等多个维度。这些文献主要从教育理论维度探讨职业教育适应性，较少从产业结构内部和产业链空间布局的需求侧进行分析。这表明这一主题研究未深入实体经济的现实层面。职业院校专业设置、专业内涵、专业人才培养、专业技术服务等对产业布局的适应性都有待提升，政府和职业院校应从区域协调发展的高度统筹专业建设。[54]

通过以上分析可知，有必要从宏观角度全面分析广东高职专业适应产业布局的具体路径及增强职业教育适应性的机制保障。本书将根据广东省高等职业教育质量年报的相关数据，探讨职业教育专业建设、专业内涵、专业人才培养和专业技术创新等，试图找到推动职业教育专业建设适应"一核一带一区"产业布局的实践路径，包括职业教育多方主体参与模式、运行模式、组织保障机制及社会支持体系。

三、促进高职专业建设适应产业发展的优化路径

不同于以往过于重视某一行业发展的战略布局，"一核一带一区"实际上依托广东各地产业发展现状及特色，对各个城市在全省经济大局中的主要效能进行布局和规划。然而现有的广东高职专业的整体结构、内涵建设、人才输出以及专业技术创新等对"一核一带一区"战略布局的适应性有待提升。从增强职业教育适应性的角度看，本书认为广东高职专业建设可着重从以下几个方面进行突破。

（一）专业及时动态调整，适应产业发展

高职院校主动服务和融入区域产业布局，及时动态调整专业，对接"一核一带一区"重点产业集群，构建高水平专业群。例如，珠三角核心区主导产业包括新一代电子信息产业、汽车产业、智能家电产业、先进材料产业、高端装备制造产业等，因此珠三角核心区的高职院校应根据各地产业基础与区域定位，重点建设电子信息工程技术、机电工程、移动通信技术、数控技术等与产业布局相关的高水平专业及专业群。沿海经济带以珠三角核心区为基础，在东西两翼发展港口经济、海洋经济，因此东西两翼的高职院校应重点建设海洋工程类、海洋开发类、海洋管理类等专业体系，以及国际贸易、跨境电商、港口航运等专业。北部生态区主要发展文化生态旅游、节能环保等绿色低碳新兴产业，因此该区域的高职院校可建设环境管理、生物技术、

旅游管理、中药学以及健康护理、现代农业与食品等专业，辅助专业包括园林设计和环境规划等（表10-1）。

表10-2 "一核一带一区"产业布局与现有的职业教育专业对接

功能分区	包含城市	主要产业	对接专业（群）
珠三角核心区	广州、深圳、珠海、佛山、惠州、东莞、中山、江门、肇庆	主导产业：新一代电子信息、绿色石化、智能家电、汽车、软件与信息服务、超高清视频显示、生物医药与健康、现代农业与食品等 辅助产业：高端服务业、人工智能、数字经济、智慧物流等	主要专业：电子信息工程技术、通信技术、数控技术、移动通信技术、机电维修、精细化工技术、物流网技术、大数据技术与应用等 辅助专业：市场营销、会展服务、跨境电商、智慧物流、数字金融等
沿海经济带	1.珠三角核心区 2.东翼：汕头、汕尾、揭阳、潮州、 3.西翼：湛江、茂名、阳江	主导产业：珠三角核心区同上。东西两翼主要发展港口经济、海洋经济、沿海产业带 辅助产业：生物医药与健康、现代农业与食品、仓储营销、金融服务等	主要专业：国际贸易、跨境电商、港口航运、海洋管理、海洋工程等 辅助专业：工业设计、跨境电商、智慧物流、企业管理、商务英语、城市轨道交通运营管理等
北部生态区	韶关、梅州、清远、河源、云浮	主导产业：绿色低碳新型工业、数字经济、生物医药与健康、现代农业与食品等 辅助产业：现代农林业服务、休闲旅游、健康养生等	主要专业：旅游管理、生物技术、医药健康、数字建筑与智能建造等 辅助专业：园林设计、未来人居、环境规划等

（二）专业内涵适应产业技术革新与业态升级

为了适应制造业数字化转型的发展趋势，高职院校在专业建设过程中须注重使专业匹配制造业数字化转型的需求。

工业4.0背景下职业教育人才培养模式教育创新研究：基于产教融合理念

以珠三角核心区的物流行业为例，现代智慧物流更为关注价值链共赢，其特点主要表现为具有标准化流程，全流程可视、横向和纵向打通协同、统一完备的系统平台，以及点到点的信息化集成模式。此外，随着人工智能、自动化技术逐步向智慧物流渗透，未来智慧物流将进一步实现信息流、资金流和产品流的全面整合。高职院校在建设现代物流专业时，应围绕人才素养、人才培养模式、教学评价逐步改变传统教学模式，将物流行业的数字化改革理念和相关技术变更模式嵌入智慧课堂，引导学生关注行业数字化变革，实现行业企业人才需求和人才培养方案的精准衔接。与此同时，高职院校通过大数据分析学生的综合素质以及兴趣爱好，实施个性化的人才培养模式，实现学生发展方向和职业岗位的精准对接，并通过"以学生为主体，以教师为主导"的教与学的精准同步以及全过程、全员、全方位人才培养质量的精准评价与反馈，实现课程、专业（群）与学生学习效果的精准反馈。

在"一核一带一区"区域发展格局下，各个地区产业发展都具有其区位的特殊性和发展的必然性。高职院校可结合区域产业发展阶段和技术发展趋势，以政府统筹为引领，以多方跨界合作为基础，以产业需求为导向，以院校优势特色为方向，以课程建设为重点，以质量评价为保障，与参与职业教育的其他各方合作开展教学规律研究、师资队伍建设、基础教学条件建设以及教学计划、人才培养方案和教学方案更新等，从而使专业内涵建设适应产业技术革新与业态升级，打通高素质技术技能人才培养通道。

特别值得关注的是，多方跨界合作是指建立保障职业教育专业内涵发展适应产业发展的有机生态系统，包括职业教育主管部门、职业教育研究所、职业教育产教融合协同机构、行业协会、企业以及职业院校等多元主体的协调体系，多元主体共同为职业教育改革提供系统而科学的发展建议和咨询意见，推动职业教育专业建设从供给侧进行改革，构建以产业需求为导向的灵活、弹性的职业教育发展模式。

（三）专业人才培养目标与人才市场需求对接

高职院校应依托广东省"一核一带一区"发展格局，按照各地产业规模、产业发展阶段和技术技能形态，建立以企业为主导、多方主体共同参与的职业教育人才培养体系，实现专业建设与产业需求高效联动发展模式，使学校培养的人才满足产业发展需求；同时，基于弹性的专业群建设，保障毕业生能够就业并获得相应的劳动报酬。

对于具有巨大发展潜力的前瞻性产业，如珠三角核心区的智能制造、电子信息工程技术等，高职院校在专业建设中提前了解专业对接的工作岗位及其技术技能形态的变更，并动态调整和更新人才培养模式和课程体系，使学校培养的人才的素质、技能与产业需求高度契合。

高职院校对某些在较多院校中开设的、与就业相关度较低的专业大类可以进行合并或调整。例如，对于技术形态较为陈旧的亟待调整的夕阳产业所对接的专业，高职院校可适当压缩专业人才培养规模和资金投入，或根据产业新需求逐渐调整这些专业，使其转型。又如，在财经商贸大类方面，广东有60所职业院校开设了电子商务专业，有59所职业院校开设了物流管理专业，职业院校可将这两大专业逐步转变为支撑沿海经济带产业发展的跨境电商专业，促进粤东和粤西的现代服务业和海洋经济发展，为沿海对外贸易新业态提供必要的人力资源支持。

（四）推动专业技术服务产业升级

职业院校的专业技术创新与当地产业发展有直接的联系。为了推动高职院校专业技术服务产业升级，广东省可围绕技术研发、技术转移、科技企业孵化等打造校企合作技术研发中心、生产力促进中心、科技园等层次分明、功能互补、一脉相承的产教融合机构；构建产教融合平台，梳理与攻克"一核一带一区"行业企业存在的技术短板，通过生产力促进中心促成技术供需双方的合作，实现技术落地；基于科技企业孵化器，促进科技成果转化，支持产业发展，使高职院校的技术创新力转化为区域产业竞争力。

广东高职院校近年来的专业技术服务到款额表现出逐年增加的趋势，截至 2020 年底，广东省年度技术服务到款额 4.16 亿元，比上一年增加 0.66 亿元，但与江苏、浙江等省高职院校超 10 亿的技术服务到款额相差甚远。这说明广东高职专业技术创新力度还有较大的提升空间。

要推动广东高职专业科研服务产业技术革新，需要建立适应"一核一带一区"产业布局的产教融合协同体系，包括建立校企合作技术研发中心、生产力促进中心与科技园等，构建解决产业发展急需解决的技术问题的职业院校专业科研体系，使产业技术发展和业态升级逐步渗透到职业教育专业内涵建设中，构建动态调整的专业建设模式，使专业设置适应产业变革的需要。

四、保障高职专业建设适应产业发展的长效机制

要构建专业布局与产业发展契合、专业内涵发展适应产业技术与业态升级、专业建设与产业深度融合、专业技术创新服务产业升级的职业教育发展模式，还需建立推动高职专业建设适应产业布局的长效机制。

（一）区域层面的组织保障

要推动职业教育专业建设匹配"一核一带一区"的战略布局，高职院校需要基于产业背景进行专业调整，更需要以政府统筹为引领，以多方跨界合作为基础，以提升职业教育适应性为抓手，建立多方主体协同合作、共同参与职业教育的有机整体。

第十章　广东省高职专业建设适应产业发展的优化路径

1. 构建自上而下的职业教育组织体系

广东省政府统筹安排，构建职教主管部门、职业教育研究所、产教融合协同机构、行业协会与企业、职业院校五位一体的职业教育组织体系（图10-1）。各个主体根据其各自的功能，相互协调，发挥其在职业教育中的作用，逐步增强职业教育专业建设对区域产业布局的适应性。职教主管部门根据国家颁布的专业目录，协同广东省教育厅以及职业教育专职主管部门，确定各个地区的专业建设方案，推动专业设置与产业布局协调，促进专业人才与产业需求匹配，引导职业院校参与产教融合框架下的社会服务，从宏观层面解决专业对产业的适应性问题。

职教主管部门：在广东省政府统筹下，确定职业教育政策和纲领性文件，建立符合广东经济发展的专业目录，主管职业教育所有事务。推动专业设置与产业结构协调。

职业教育研究所：把握职业教育适应产业发展方向的一般规律，确定产教协同各方主体合作方式及可行性渠道。促进专业内涵适应产业技术革新。

产教融合协同机构：确定在"一核一带一区"背景下多方主体协作的框架。协助建立各类产教融合平台与产学研用创新中心。推动专业技术创新服务产业升级。

行业协会与企业：构建"一核一带一区"产业布局下的产教融合型企业，充分发挥职业教育中企业主体的作用。促进专业培养目标匹配产业需求。

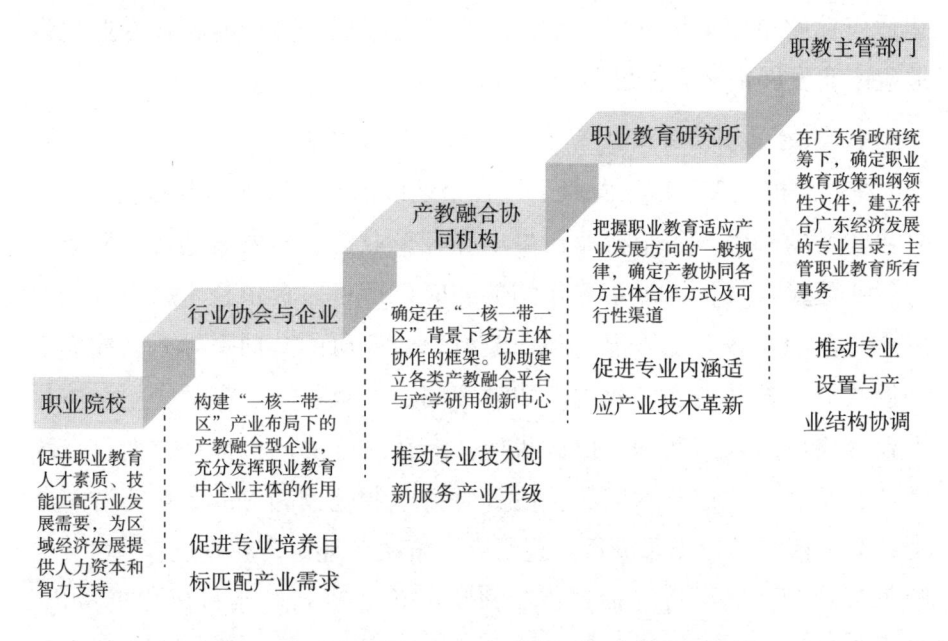

职业院校：促进职业教育人才素质、技能匹配行业发展需要，为区域经济发展提供人力资本和智力支持。

图 10-1　推动职业教育专业建设适应产业发展的组织体系

2. 发挥职业教育研究所功能，推进职业教育科学研究

建立职业教育研究所，并对其研究成果给予政府合法性认可。现有的广东省教育研究院下属职业教育研究室，作为公益类机构，核定事业编制5个，各个地级市设置了职业技术教育发展研究会，协调省

工业4.0背景下职业教育人才培养模式教育创新研究：基于产教融合理念

职业教育研究室工作。职业教育研究室承担着研究职业教育适应性，推动职业教育与产业经济协调联动发展的重要工作。然而职业教育研究机构确定产教协同各方主体合作方式和可行性渠道并非易事。其一方面需向上对接职业教育主管部门，执行职业教育专业建设与调整方案；另一方面要深入调研产业技术变革，把握职业教育适应产业布局的一般规律，了解行业与职业岗位核心技能，并向主管部门汇报建议。另外，其还需协调多方主体在现有的职业教育管理框架下推动研究成果落地。广东现有的职业教育研究机构，从人员编制数量和研究成果付诸实践来看，较难完成这一任务。因此，在组织建设上，广东省可以建立专门的职业教育研究所。职业教育研究所精准执行职业教育深化适应性改革政策的同时，关注现实产业发展，为职业教育专业建设适应产业发展把握整体思路和方向。

3.成立产教融合协同机构，促进职业教育技术服务

在"一核一带一区"背景下，各个地区的产业都面临着信息化、数字化转型的趋势，各个行业衍生出多种新业态和新发展趋势。职业教育专业建设在发挥人才培养作用的同时，还可以提供技术，服务产业发展。在职业教育主管部门和职业教育研究所的共同引导下，成立多种形式的产教融合协同机构。职教集团、产教联盟、产学研用一体化平台等均可纳入产教融合协同机构。产教融合协同机构一方面重点瞄准产业发展的关键技术问题，使其对接职业院校相应的专业（群）负责系部，依托学校资源进行系统研究，解决各地区产业发展存在的"卡脖子"问题；另一方面通过产学研用一体化进行院系科研成果孵化，进一步增加广东省各地职业教育的技术服务到款额，推动专业技术创新服务产业升级。

4.引导行业协会细化职业教育研究所工作

行业协会比较熟悉行业变革，通过把握行业技术变革，并以工作流程为导向，拆分符合技术升级的教学模块，提炼新形势下核心工作

岗位技能，引导职业院校调整人才培养方案、课程体系，建设实训平台。行业协会向上对接产教融合协同机构，向下联系企业，串联起整个职业教育专业建设体系，推动"一核一带一区"背景下产教融合型企业参与职业教育专业建设，促进专业人才培养目标匹配产业对人才技能与素质的要求。

5. 发挥企业在职业教育中的主体作用，实现人才质量提升

在现有的职业教育管理机制中，企业作为职业教育的主体逐步通过法律形式被确定，但推动企业参与职业教育还需要多方协作。首先，广东省政府可统筹职业教育研究所、产教融合协同机构、行业协会等构建多维立体的多主体参与的合作办学框架，探寻专业建设实践路径，为企业参与职业教育奠定坚实的理论基础和现实基础；筛选合适的企业进入与"一核一带一区"产业布局相关的产教融合型企业认证目录，分阶段推动这些企业率先进入职业教育领域，实现初步的企业主导的职业教育专业建设模式，稳步推动专业内涵适应产业发展需要。其次，从企业的人才需求端出发，在职业教育研究所、行业协会共同作用下，高职院校将技能训练逐步渗透到课程体系中，再逐步根据实际培训效果开展深度技术创新试点工作。通过循序渐进的探索和实践，在产教融合协同机构的推动下，逐步在经济较为发达、高技能人才需求较为旺盛的行业或地区开展深度的产学研用一体化推广，增强职业教育适应性，并根据企业对职业教育质量的评价反馈逐步调整人才培养的路径和方向，构建完整的闭环人才培养系统。

（二）社会层面的职业教育可持续发展保障

1. 社会经费多重补充的经费保障体系

推动职业教育专业建设适应产业发展，能在一定程度上保证职业院校毕业生获得与职业技能匹配的工作机会，有利于为企业提供稳定的人力资源，助力区域经济长远发展。要推动广东省"一核一带一区"

工业4.0背景下职业教育人才培养模式教育创新研究：基于产教融合理念

背景下职业教育的适应性提升，还需要建立除政府财政拨款以外的多维经费筹措体系，作为职业教育可持续发展的保障。构建以广东省国有大中型企业及行业内领先企业经费自筹为主要补充、以政府与行业协会筹措为辅助补充的经费来源体系，并给参与职业教育的企业减免一定税费，使办学主体获得多渠道来源的职业教育办学经费。

2.人才供需预警系统与区域产业人才数据平台

基于第三方机构提供的职业教育质量评价，构建广东省"一核一带一区"背景下人才供需预警系统与区域产业人才数据平台。高职院校在职教主管部门、职业教育研究所、产教融合协同结构、行业协会与企业、职业院校五位一体的职业教育组织体系下，在当地人力资源和社会保障局的合力协助下，根据第三方人才咨询机构的实际调研结果，利用大数据、云计算等技术手段，及时搜集、整理"一核一带一区"各个地区人才数量供需比例、人才技能结构以及未来人才类型及素质需求等信息。职业教育主管部门可根据基础数据分析，建立供需匹配的产业人才即时信息共享与监测机制以及调控、分析、决策与评估机制，实现"一核一带一区"的人才供需预警监测，及时调整各个地区专业设置和人才培养规格、方向；对职业教育人才培养的过程和结果进行评价、反馈，并对"一核一带一区"各区域乃至广东省高职整体框架进行调整和更新。

五、结论与启示

专业建设与产业布局匹配是推动职业教育适应性提升的关键。在广东省"一核一带一区"发展格局下，推动职业教育向社会多方主体共同参与的职业教育体系转变，基于国家立法层面、省级组织层面以及社会层面，构建职业教育多维立体协同发展框架。建立职教主管部门、职业教育研究所、产教融合协同机构、行业协会与企业、职业院

第十章　广东省高职专业建设适应产业发展的优化路径

校五位一体的职业教育组织体系，改变职业教育单一主体施教模式，为职业教育适应区域经济发展提供咨询意见和发展机制保障，推动职业教育专业建设与产业布局匹配、专业内涵适应产业技术升级、专业人才契合产业需求、专业技术创新服务产业转型升级。高职院校应使高职专业建设全面融入广东经济布局，培养高素质的技术技能人才，为"一核一带一区"发展提供人力资源保障和技术积累，促进广东经济的可持续发展。

第十一章 广东省首批高水平专业群与产业结构耦合研究

工业 4.0 背景下职业教育人才培养模式教育创新研究：基于产教融合理念

专业群建设是高职院校服务区域经济结构调整、产业转型升级的关键纽带。其科学合理与否，不仅关系到高职人才培养的质量是否满足区域经济发展需求，还会影响与技术创新相关的区域核心竞争力。2018 年 6 月，中共广东省委十二届四次全会创新性地提出"一核一带一区"发展格局，"全面实施以功能区为引领的区域发展新战略，以广州、深圳为主引擎推进珠三角核心区深度一体化，重点打造粤东粤西沿海产业，与珠三角沿海地区串珠成链，形成沿海经济带，建设北部生态发展区"。在这一背景下，本章以广东省 86 所高职院校立项建设的 185 个首批省级高水平专业群为例（广东现有高职院校 90 所，有 4 所无高水平专业群立项），从区域产业布局与高水平专业群匹配的视角，分析广东高职专业设置与产业发展的耦合关系，探讨促进专业群建设与区域经济协同发展的策略，从而促进广东省经济全方位高质量发展。

一、广东省高等职业院校在"一核一带一区"的分布特点

截止到 2020 年底，广东省共有独立设置的高职院校 90 所，其中，公办高职院校 63 所，民办高职院校 27 所。广州市有高职院校 48 所，约占全省的 53.33%。佛山、东莞、惠州、江门、茂名各有 4 所高职院校，深圳和肇庆各有 3 所，珠海、中山、湛江、清远和揭阳各有 2 所，阳江、韶关、河源、汕尾、云浮和汕头各有 1 所。全省高职院校共开设 411 个专业，覆盖 19 个专业大类，专业布点数 3105 个，平均专业布点数 7.55 个。广东省"一核一带一区"高职院校数量及重点支柱产业空间布局如表 11-1 所示。

表 11-1 广东"一核一带一区"高职院校数量及重点支柱产业空间布局对应表

区域划分	包含城市	高职院校数量	重点支柱产业空间布局
珠三角核心区	广州、深圳、珠海、佛山、东莞、惠州、中山、江门、肇庆	广州48所，东莞4所，深圳3所，中山2所，珠海2所，江门4所，佛山4所，肇庆3所，惠州4所 珠三角核心区累计74所	发展方向：携手粤港澳大湾区，培育世界级先进制造业集群，实现高质量发展 主导产业：新一代电子信息、绿色石化、智能家电、汽车产业、现代轻工纺织、先进材料、生物医药与健康、软件与信息服务、超高清视频显示、半导体与集成电路、高端装备制造、高端服务业、人工智能、数字经济等
沿海经济带	1.珠三角核心区 2.东翼：汕头、汕尾、揭阳、潮州 3.西翼：湛江、茂名、阳江	珠三角核心区74所 东翼4所（潮州暂无） 西翼7所 沿海经济带累计85所	发展方向：打造交通大枢纽，拓展国际航空和海运航线，将东西两翼与珠三角核心区串联成线，打造世界级沿海经济带 珠三角核心区：同上 东翼：现代轻工纺织、生物医药与健康、现代农业与食品、港口经济、海洋经济 西翼：现代农业与食品、绿色石化、先进材料、新能源、前沿新材料、沿海产业带
北部生态区	韶关、梅州、清远、河源、云浮	北部生态区共5所	发展方向：保护生态环境，强化生态保护，发展生态型产业，倡导绿色发展 主导产业：绿色低碳新型工业、现代农业与食品、生物医药与健康、精密仪器设备、安全应急与环保、文化生态旅游、数字经济等

数据来源：《广东省高等职业教育质量年度报告（2021年）》以及《广东省制造业高质量发展"十四五"规划》。

从表11-1可看出，从数量来看，高职院校集中于珠三角核心区，占比约82.22%；沿海经济带除珠三角核心区以外，东翼和西翼共有11所高职院校，占比约12.22%；北部生态区高职院校仅5所，占比约5.56%。

二、广东省高水平专业（群）建设模式变革

广东省在专业建设领域一直非常重视使专业建设服务地方经济发展。为促进高职教育与区域经济协同发展，构建与区域产业布局和战略性新兴产业衔接的现代职业教育体系，广东省在2010年就开展了广东省高职教育示范性专业的建设与验收，逐步提升以示范性专业为核心的专业群综合实力。通过示范专业的引领，促进专业设置深度融入产业链，培养适应广东经济发展和主动融入世界经济转型升级的高素质技术技能人才。2015年，广东开始实施广东省高等职业教育品牌专业建设计划以及"十三五"广东省高等职业教育特色专业建设计划，不断提高专业建设和地方产业发展契合度。2016年，广东在全国率先启动一流高职院校建设，重点建设15所全国一流、具有世界影响力的高职院校。这也是广东推进职业教育发展的重大改革举措，目标是服务全省经济社会发展的重点领域，服务全省创新驱动发展战略，助力产业转型升级。

2019年，广东省正式组织开展高职院校高水平专业群建设，目标是围绕国家和省重大发展战略，对接区域或行业重点产业，重点建设300个左右定位准确、综合实力强的省级高水平专业群，促进专业资源的整合和专业结构优化，发挥专业群的集聚效应和服务功能，实现人才培养供给侧和产业需求侧结构要素的高度契合，推动全省高职院校的特色发展与内涵发展，为广东经济社会发展提供高素质技术技能人才支持和智力支撑。2020年12月，广东省教育厅正式公示第一批省高职院校高水平专业群拟立项名单。广东省高水平专业群建设主要对接《广东省国民经济和社会发展第十四个五年规划和2035年远景目标纲要》，构建与广东省"一核一带一区"重点支柱产业、先进制造业、现代服务业、战略性新兴产业等深度融合的高水平专业群体系。

三、广东省首批高水平专业群与产业布局耦合关系

（一）高水平专业群整体布局与"一核一带一区"重点产业布局的协调性

广东省教育厅发布的19个专业大类、185个高水平专业群共涵盖776个专业。其中，位列第一的财经商贸大类有32个高水平专业群，包含133个专业。第二是电子信息大类，共立项28个高水平专业群，排第三位的装备制造大类有22个高水平专业群，紧接着的教育与体育、公安与司法大类各有15个高水平专业群，土木建筑大类有13个高水平专业群，文化艺术大类有11个高水平专业群。10个高水平专业群以下的大类有食品药品与粮食、医药卫生、旅游、交通运输、农林牧渔、资源环境与安全、能源动力与材料、轻工纺织、新闻传播等。

从各个大类细分的具体专业群来看，电子商务、学前教育、计算机网络技术和护理4个类型的专业群入选数目最多，10所院校的电子商务专业群入选，9所院校的学前教育专业群名列其中，8所院校的计算机网络技术专业群入选，8所院校的护理专业群入选。紧随其后的是物流管理专业群、机电一体化专业群、建筑工程技术专业群、软件技术专业群和商务英语专业群等。

从以上数据来看，高水平专业群整体布局相对集中于财经商贸大类、电子信息大类与装备制造大类，与广东省"十四五""一核一带一区"重点规划的产业新一代电子信息、绿色石化、智能家电、汽车产业、现代轻工纺织、先进材料等存在一定的错位。尽管电子信息大类和装备制造大类的高水平专业群立项数目居于前三，但辅助相关产业发展的资源环境与安全、能源动力与材料、土木建筑等基础性行业的立项比例都远远低于文化艺术、旅游、教育与体育等大类。另外，值得一提的是，公共管理与服务大类的高水平专业群所占的比例非常低，在185个高水平专业群中仅占1席，而与水利相关的高水平专业群暂时没有。

工业4.0背景下职业教育人才培养模式教育创新研究：基于产教融合理念

（二）高水平专业群整体布局与"一核一带一区"产业结构的融合性

不同专业群分属不同产业。尽管2021年《职业教育专业目录（2021年）》已经发布，但是为统计方便，本书依然根据《普通高等学校高等职业教育（专科）专业目录（2015年）》的专业大类进行分析，根据专业与产业的匹配性，按照陈基纯的分类方法，将农林牧渔大类（51为专业分类编码）归为第一产业相关专业，将资源环境与安全大类（52）、能源动力与材料大类（53）、土木建筑大类（54）、水利大类（55）、装备制造大类（56）、生物与化工大类（57）、轻工纺织大类（58）、食品药品与粮食大类（59）等与工业和建筑业相关的专业归为第二产业专业，将交通运输大类（60）、电子信息大类（61）、医药卫生大类（62）、财经商贸大类（63）、旅游大类（64）、文化艺术大类（65）、新闻传播大类（66）、教育与体育大类（67）、公安与司法大类（68）、公共管理与服务大类（69）归为第三产业专业。[55]其中，广州科技职业技术大学立项的计算机应用工程高水平专业群（810201）也被列入第三产业。

下面分析"一核一带一区"高水平专业群的产业特性，即各个区域高水平专业群分属于哪些产业，其产业特性是否与功能分区匹配。为了不重复分析珠三角核心区城市的专业群布局，在沿海经济带这一区域仅分析东翼城市和西翼城市的高水平专业群，从而更清晰地了解珠三角东翼和西翼职业教育高水平专业群的结构性特征。另外，涉及产值时均采用2020年全年的数据来计算。广东省与第一产业相关的专业群有3个，全部分布在珠三角核心区，这一地区第一产业产值占广东省第一产业产值的32.93%。沿海经济带中珠三角核心区以外的7个市没有与第一产业相关的专业群分布，而这一区域第一产业产值占全省比重为44.62%，两部分累加显示的结果即在整体沿海经济带分布了100%的第一产业高水平专业群，累计产业产值比重为77.55%，这两者存在一定程度的不协调。北部生态区第一产业产值占全省比重为22.45%，暂未有与第一产业相关的高水平专业群分布，两者呈现显著不匹配状态。

"一核一带一区"一共有55个与第二产业相关的高水平专业群，其中，珠三角核心区50个，东翼和西翼3个，北部生态区2个，这三个区域的相应的高水平专业群占比分别为90.91%、5.45%和3.64%。而这三个区域的相应的产业比重（指这一产业在这一区域中的产值除以广东省这一产业总产值）分别为82.79%、12.83%和4.38%。第二产业的专业群设置基本与各个区域的产业比重吻合。

随着经济和技术的发展，第三产业出现各种新业态和新技术，与这一产业相关的高水平专业群数目较多。广东省首批高水平专业群共185个，其中有127个属于第三产业。珠三角核心区中与第三产业相关的高水平专业群数目为114个，占全省与第三产业相关的高水平专业群的89.76%，这一地区的第三产业的产业比重高达83.46%，与第三产业相关的高水平专业群占比略高于产业比重；沿海经济带除珠三角核心区以外的东西两翼城市与第三产业相关的高水平专业群占比5.51%，第三产业产值占全省的比例为11.35%，高水平专业群占比偏离产值比重较多；北部生态区与第三产业相关的高水平专业群占比4.73%，第三产业产值占全省的比例为5.19%，高水平专业群比较适应区域产业经济发展水平。

（三）高水平专业群地域分布对区域经济发展水平的适应性

从"一核一带一区"GDP占比与高水平专业群的分布来看，珠三角核心区分布高水平专业群167个，占整体高水平专业群的90.27%，而珠三角核心区GDP占广东省的80.83%，高水平专业群比重高于GDP比重将近10%。沿海经济带除珠三角核心区以外的东翼和西翼城市中，高水平专业群占比5.41%，而这一区域的GDP占比为13.36%，

工业4.0背景下职业教育人才培养模式教育创新研究：基于产教融合理念

高水平专业群比重显著低于 GDP 占比。北部生态区高水平专业群占比 4.32%，略低于 GDP 比重（5.81%），高水平专业群和区域经济发展水平相对匹配（表 11-2）。

表 11-2　广东省高职院校高水平专业群地域分布及其所在区域经济水平对比分析表

区域划分	地级市名称	专业群数/个	涵盖专业/个	专业群比例	GDP 总量/亿元	GDP 占比
珠三角核心区（9个城市）	广州	105	442	56.76%	25019.1	22.59%
	深圳	12	50	6.49%	27 670.2	24.98%
	佛山	18	79	9.73%	10 816.5	9.77%
	东莞	8	31	4.32%	9 650.2	8.71%
	珠海	3	12	1.62%	3 481.9	3.14%
	惠州	4	19	2.16%	4 221.8	3.81%
	中山	8	34	4.32%	3 151.6	2.85%
	江门	6	23	3.25%	3 201	2.89%
	肇庆	3	12	1.62%	2 311.7	2.09%
小计		167		90.27%		80.83%
沿海经济带（除珠三角核心区）东翼与西翼（7个城市）	汕头	1	5	0.54%	2 730.6	2.47%
	汕尾	1	5	0.54%	1 123.8	1.01%
	揭阳	2	7	1.08%	2 102.1	1.90%
	潮州	0	0	0	1 097	0.99%
	湛江	2	9	1.08%	3 100.2	2.80%
	茂名	3	11	1.63%	3 279.3	2.96%
	阳江	1	5	0.54%	1 360.4	1.23%
小计		10		5.41%		13.36%

第十一章　广东省首批高水平专业群与产业结构耦合研究

续　表

区域划分	地级市名称	专业群数/个	涵盖专业/个	专业群比例	GDP总量/亿元	GDP占比
北部生态区（5个城市）	韶关	2	8	1.08%	1 353.5	1.22%
	梅州	0	0	0	1 208	1.09%
	清远	2	7	1.08%	1 777.2	1.60%
	河源	3	12	1.62%	1 102.7	1.00%
	云浮	1	5	0.54%	1 002.2	0.90%
小计		8		4.32%		5.81%

数据来源：产业数据来源于《广东统计年鉴2020年》，高水平专业群数据来源于广东省教育厅《关于第一批省高职院校高水平专业群拟立项名单的公示》。

从各区域的城市内部数据来看，广州作为国家中心城市和珠江三角洲的核心城市，拥有48所高职院校，共设置105个高水平专业群，共涵盖专业442个，高水平专业群数量占广东省高水平专业群的比例为56.76%。相较于广州市在全省的GDP占比22.59%，广州高水平专业群的数量占比超过一倍。深圳的高水平专业群共计12个，涵盖专业50个，占全省高水平专业群6.49%，GDP占比则差不多是高水平专业群占比的4倍，这也体现出深圳高水平专业群设置不足的问题。珠三角核心区中，两者匹配较好的主要是佛山，佛山高水平专业群占比9.73%，GDP占比9.77%，两者整体吻合度较高；其次是中山、江门、肇庆等地，两者较为匹配。东莞、惠州和珠海均存在高水平专业群比例低于GDP比重的现象。

沿海经济带中除珠三角核心区以外的东翼与西翼7个城市中，高水平专业群比重远远低于GDP占比。目前，潮州还暂未成立高等职业院校。相比较而言，茂名、揭阳和湛江的高水平专业群数量占全省比重1%以上，特别是茂名，建设了3个高水平专业群，涵盖11个专业，湛江建设了2个高水平专业群，涵盖9个专业。

北部生态区共计有 8 个高水平专业群，约占广东高水平专业群的 4.32%，与其 GDP 比重 5.81% 相差不大。该区域是目前"一核一带一区"中高水平专业群设置与区域产业经济发展水平相对匹配的区域。河源立项了 3 个高水平专业群，共涵盖 12 个专业，清远和韶关共计立项 4 个高水平专业群，高水平专业群数量占广东省总数的比例与其 GDP 占比较为接近。

广东省按照各个学校的专业基础相通、技术领域互补、职业岗位相近以及教学资源相辅等原则设置了覆盖全省的高水平专业群，并以高水平专业群建设服务"一核一带一区"重点支柱产业发展，促进专业与产业融合发展。从现有的数据分析可以看出，目前广东高水平专业群布局重点在第三产业的财经商贸领域，因此财经商贸大类的专业群数目最多。广东省与第二产业（包括广东省"十四五"重点布局"一核一带一区"战略中珠三角核心区的绿色石化、智能家电、汽车产业、现代轻工纺织、先进材料、生物医药与健康、超高清视频显示、半导体与集成电路、高端装备制造等行业）相关的高水平专业群分布也较广泛。

（四）"一核一带一区"视域下广东高水平专业群与区域经济协调发展现状

结合高水平专业群的具体地理布局以及对接产业布局分析广东高水平专业群可知其存在以下问题：首先，高水平专业群分布过于集中于珠三角地区，而珠三角以外的东翼、西翼城市以及北部生态区等区域的高水平专业群分布相对较少。这些地区的工业基础较一般，产业发展慢于珠三角地区，需要更多的高水平专业群逐步融入当地经济发展的进程中。其次，高水平专业群较大程度集中在第三产业中，第一产业和第二产业高水平专业群数量占广东总数的比重均低于其 GDP 在广东省 GDP 中的比重，与这两类产业相关的高水平专业群数目和比重

第十一章 广东省首批高水平专业群与产业结构耦合研究

应逐步增加，特别是第二产业产值在广东省占比 39.41%，而相关的高水平专业群占比仅为 29.72%。在第三产业中，高水平专业群的比重高达 68.64%，比第三产业 GDP 比重的 52.46% 高出 16.18 个百分点。表 11-3 所示为"一核一带一区"中各区域的产业比重与高水平专业群比重，两者之差的绝对值在一定程度上可以视为两者的偏离程度，若两者差距在 5% 以下，则认为两者是相对协调的。

表 11-3 "一核一带一区"中各区域的高水平专业群比重与产业比重

	珠三角核心区	高水平专业群比重	产业比重	沿海经济带东西两翼	高水平专业群比重	产业比重	北部生态区	高水平专业群比重	产业比重
第一产业	3	100%	32.93%	0	0	44.62%	0	0	22.45%
第二产业	50	90.91%	82.79%	3	5.45%	12.83%	2	3.64%	4.38%
第三产业	114	89.76%	83.46%	7	5.51%	11.35%	6	4.73%	5.19%
合计	珠三角核心区有 167 个高水平专业群			沿海经济带东西两翼有 10 个高水平专业群			北部生态区有 8 个高水平专业群		

在"一核一带一区"，与第一产业相关的高水平专业群均设立在珠三角核心区，高水平专业群比重超出产业比重 67.07%。东西两翼城市第一产业占广东省第一产业比重约为 44.62%，却并没有与之适应的高水平专业群立项，北部生态区也存在这种情况。

与第二产业相关的 50 个高水平专业群集中于珠三角核心区，高水平专业群比重比产业比重高出 8.12%。而东翼和西翼尽管累计第二产业占比达到 12.83%，但与之相关的高水平专业群仅为 3 个，占第二产业整体高水平专业群（55 个）的 5.45%，与产业比重存在 7.38% 的显著差距。北部生态区与第二产业相关的高水平专业群设置与区域经济较为协调，两者比重仅仅相差0.74%。

与第三产业相关的高水平专业群中的89.76%集中于珠三角核心区，这一区域的第三产业产值占全省第三产业产值约83.46%，高水平专业群比重高于产业比重。北部生态区与第三产业相关的高水平专业群与当地产业总值比较匹配，两者占全省比重分别为4.73%与5.19%，差距仅为0.46%。而问题较为明显的是沿海经济带珠三角核心区以外的东西两翼城市，第三产业产值占全省11.35%，而与第三产业相关的高水平专业群在全省与第三产业相关的高水平专业群中仅占5.51%，两者之间相差5.84%。

广东省整体的高水平专业群与产业协同发展呈现三种状态，其中，珠三角核心区三大产业都存在高水平专业群比重大于产业比重的情况。沿海经济带除珠三角核心区以外的东西两翼与三大产业相关的高水平专业群比重均不足，较难支撑区域经济发展。北部生态区高水平专业群与区域产业布局比较匹配，两者匹配较好的是第二产业和第三产业，第一产业存在高水平专业群比重低于产业比重的情况。

四、推进高水平专业群建设与产业协同发展策略

高职院校高水平专业群建设的目标是服务区域经济发展，为经济结构调整和产业转型升级提供必备的人力资源和技术服务，从而为经济发展提供动力。广东省在高职教育高水平专业群建设的过程中，始终走在全国前列。但是从高职服务地区经济的横向到账经费数据来看，江苏省高职院校2018年技术服务到款7.96亿元，广东省仅为2.78亿元，约为江苏省的1/3。2019年，江苏省技术服务到款为10.21亿元，而广东省仅达到3.5亿元。尽管广东省技术服务到款增速较快，但其总量显然与广东自1989年以来在全国经济总量排名第一的经济地位不匹

配。推动广东高水平专业群建设与"一核一带一区"背景下产业协同发展,还需从以下几个方面着手。

(一)政府加强宏观调控,统筹协调布局高水平专业群

教育主管部门可在政府的统筹安排下,联合广东省发展和改革委员会、人力资源和社会保障部门以及工业和信息化部门,结合广东省重要支柱产业发展战略和规划以及人才技能需求等,在全省范围内根据区域产业特色、重点产业布局和战略性新兴产业对人才的最新要求,依托现有的高职院校办学基础、办学定位以及合作办学机制,合理布局和调整高水平专业群,推动高水平专业群建设与"一核一带一区"产业协调联动发展。特别是对珠三角核心区存在的高水平专业群比重超过区域产业比重的情况,通过逐步迁移和扩散等方式,使高水平专业群向沿海经济带的东翼和西翼城市分流,推动这两个地区高水平专业群的建设,充分发挥高水平专业群的集聚效应和服务功能,为这两个地区的三大产业协调发展提供必备的高素质技术技能人才和技术服务。另外,北部生态区中高水平专业群建设应主动配合和适应区域经济结构调整。

(二)打破管理边界,促进区域内高水平专业群协同发展

在"一核一带一区"产业格局下,越来越多的行业将打破原有的生产边界,形成融合发展的新业态。伴随着这种经济发展趋势,高水平专业群的建设也可以逐步打破校际壁垒和管理边界,依托共同的办学资源,进一步优化广东省高水平专业群。例如,电子商务专业群有10所高职院校立项,占财经商贸大类专业群总数的31.25%。广东省以外向经济为主导,产业逐步向数字化转型,电子商务专业群的比重相对较高。因此,珠三角核心区的电子商务高水平专业群建设应以区域重点电子商务产业集群为依托,以区域职业院校基础办学资源等为基础,

工业4.0背景下职业教育人才培养模式教育创新研究：基于产教融合理念

以电子商务产业集群发展新格局、新业态为引导，打破传统学校边界，集合多方资源，联合建设高水平专业群，促进区域内职业教育人才供给侧与电子商务产业需求侧的有效衔接。高职院校通过高水平专业群建设主动适应电子商务产业需求，为产业升级和创新发展提供源源不断的智力支持和技术服务，实现高职教育与产业链的有效融通。

（三）建立高水平专业群内涵建设动态调整机制，使其主动适应区域产业技术变革

以珠三角核心区为例，其主要的发展定位是培育世界级先进制造业集群。因此，珠三角核心区布局了一系列的先进制造产业，如绿色石化、智能家电、汽车产业、超高清视频显示、半导体与集成电路等重点支柱产业。职业教育中若缺乏与这些产业相关的高水平专业群建设，可能会出现行业高技能人才短缺、自主技术创新较难等后果。因此，政府除了对高水平专业群的布局设点进行宏观调控以外，还应建立高水平专业群动态调整机制，不断丰富和延伸符合新业态、新技术、新工艺需求的高水平专业群内涵建设，促进高水平专业群紧跟现实产业变革，促进高水平专业群与实体经济联系与互动，以使其适应不断变化的市场环境。

（四）推动企业参与职业教育，构建产学研用一体、多方协同育人模式

广东省历年经济总量居于全国前列，而社会服务横向到账经费与江苏、浙江等省都差距较大。这在一定程度上说明广东省高等职业教育在区域经济发展中所提供的技术支持还相对较少，也从侧面反映出高职院校教育链—人才链—创新链—产业链衔接得不够好，特别是沿海经济带东西两翼与珠三角核心区相比，存在高水平专业群整体布局数量比重显著小于三大产业在全省的产值占比的情况，高水平专业群的结构与沿海经济带的重点产业布局存在差距。因此，在高水平专业

群建设的契机下，高职院校应从产业、行业、企业需求侧推动更多主体参与职业教育高水平专业群建设，构建校企命运共同体，健全多方协同育人机制，提升高水平专业群对实体经济的适应性。

高职院校在高水平专业群的建设实践中，以服务区域产业升级为指引，以多方跨界资源为基础，以校企合作共建教学平台为媒介，发挥高水平专业群的示范引领和技术支撑作用，消除产业技术变革与高职院校人才培养、高职院校科学研发、科技成果转化应用之间的障碍；构建具有区域特色的产学研用一体化人才培养模式，实现高水平专业群与产业链、创新链的衔接，提高高水平专业群服务"一核一带一区"的科研实力与科研成果转化应用实力等，从而实现高水平专业群服务区域经济发展的最终目标。

五、结论与启示

本章基于职业教育发展的一般规律，结合广东省高水平专业群立项数据与广东省"一核一带一区"产业布局，探讨了职业教育高水平专业群建设与产业经济协同发展的路径。现代产业技术变革日新月异，一些传统高等职业院校在人才培养模式、专业群建设、人才质量跟踪评价等方面可能存在不足。高职院校应以高水平专业群建设为契机，加强高水平专业群内涵建设，创新育人模式，提高育人质量，主动对接产业发展，为区域经济转型升级和创新发展提供源源不断的人才和技术支持。

一些高水平专业群在结构上可能存在与产业布局不够匹配的表征。此外，各类办学资源向具有优势的专业群集聚，可能造成未来专业群内部不平衡加剧，出现一些专业群与区域产业布局和技术发展不匹配的情况。因此，在调研和分析专业群布局的同时，进一步研究专业群建设对产业发展的适应性十分必要。

研究展望

  高等职业教育与区域产业经济紧密联系，越来越多的学者基于产教融合、校企合作等探讨如何实现人才培养与产业岗位需求同频共振，包括引入第三方评价、推动企业成为职业教育办学主体、增强职业教育对产业发展阶段的适应性等。现阶段制约职业教育适应性提升的因素包括职业教育本身的制度建设、经费筹措、人才质量评价机制等，特别是对企业成为职业教育的办学主体，目前无论是理论研究还是实践，仍未能取得显著突破。而高水平专业群作为职业教育的新探索，具有制度灵活性和完善性以及人才培养的创新性，将为职业教育对接产业发展、实现技术积累提供重要的实践经验。

  在产教融合背景下，推动职业教育的适应性研究和提升仍然任重道远。现阶段"三教"改革如何赋能职业教育高质量发展，也是职业教育研究的重要议题。以教师、教材和教法三大改革助力职业教育全面改革，通过构建校企混编的教学创新团队，推动职业教育与产业技术发展联动，编制与技术发展同步的信息化、智能化、电子化教材，实现以学生技能习得为中心的教法改革，真正使越来越多的高职院校学生成为对接产业需求的高素质技术技能人才，实现职业教育支撑产业技术发展的目标。

  数字技术赋能产业发展，推动各行业新技术、新业态、新模式不断涌现，给职业教育长远发展带来了新的机遇和挑战。"互联网+"、

工业4.0背景下职业教育人才培养模式教育创新研究：基于产教融合理念

人工智能等已逐步成为新时期职业教育改革、创新的新引擎。产业数字化转型背景下，岗位特征中所包含的数字技能要求促使各类职业教育办学主体在人才培养过程中更加注重人才质量与岗位需求的契合，并在此过程中进一步推动各种数字资源的深度应用，引入有利于职业教育可持续发展的多方资源。这也是现阶段产教融合背景下职业教育适应性研究的新方向。

参考文献

[1] 邹瑞睿，侯建军. 中国制造 2025 背景下高职院校服务汽车产业发展的校企协同对策研究 [J]. 中国职业技术教育，2016(25): 46–49.

[2] 王爱虎，刘志敏，高秀丽. 珠三角港口群竞合态势及广州市现代物流业发展策略解析 [J]. 工业工程，2010, 13(3): 51–55.

[3] 龚梦，祁春节. 我国农产品流通效率的制约因素及突破点：基于供应链理论的视角 [J]. 中国流通经济，2012, 26(11): 43–48.

[4] 吴晓志，李中全，许彤. 中山保税物流中心对珠江西岸区域经济的影响 [J]. 北方经贸，2011(6): 37–38.

[5] 邓凯志. 深圳港口物流现状与发展对策 [J]. 商业研究，2015(2)：134, 136.

[6] 孟春青. 高等职业教育如何应对"工业 4.0"人才需求 [J]. 教育探索，2015(8): 49–51.

[7] 刘敏. 国外大学生实习制度及对我们的启示 [J]. 河南商业高等专科学校学报，2012, 25(6): 112–115.

[8] 喻忠恩. 企业如何成为职业教育的办学主体 [J]. 职业技术教育，2015(10): 51–55.

[9] 李芳玉，赵本纲. 基于工业 4.0 的职业教育发展策略研究 [J]. 武汉交通职业学院学报，2015, 17(2): 7–9, 19.

[10] 徐兰. 基于供需契合视角的香港职业教育体系研究 [J]. 职业教育研究，2014(10): 169–173.

[11] 蒋新革，牛东育. "学赛研培"四位一体的双师工作室协同育人模式研究 [J]. 中国职业技术教育，2016(26): 44–48.

[12] 王明哲. 西方现代学徒制经验在中国本土化应用研究[J]. 职业教育研究, 2016(4): 5-9.

[13] 师慧丽. 工业4.0时代技术技能型人才：内涵、能力与培养[J]. 职业技术教育, 2017(16): 29-33.

[14] 董树功, 艾頔. 产教融合型企业：价值定位、运行机理与培育路径[J]. 中国职业技术教育, 2020(1): 56-61.

[15] 教育部, 财政部. 教育部 财政部关于实施中国特色高水平高职学校和专业建设计划的意见[EB/OL].[2019-04-02].http://www.moe.gov.cn/srcsite/A07/moe_737/s3876_qt/201904/t20190402_376471.html.

[16] 匡瑛. "双高"背景下高职专业群建设定势突围与思路重构[J]. 高等工程教育研究, 2021(3): 127-132.

[17] 徐国庆. 基于知识关系的高职学校专业群建设策略探究[J]. 现代教育管理, 2019(7): 92-96.

[18] 庄西真. 中国特色职业教育"双高计划"：怎么看、如何干[J]. 职业技术教育, 2019, 40(24): 8-11.

[19] 王亚南, 成军. 高职院校高水平专业群建构：内涵意蕴、逻辑及技术路径[J]. 大学教育科学, 2020(6): 118-124.

[20] 刘晓, 徐珍珍. "机器换人"与职业教育发展：挑战与应对[J]. 教育发展研究, 2015(21): 13-17.

[21] 冉云芳. 企业参与现代学徒制的动机及其对成本收益的影响[J]. 教育与经济, 2021, 37(6): 71-80.

[22] 王玉龙, 刘晓. 以院建群还是以群建院？：兼论高职院校高水平专业群建设的基层治理模式[J]. 职教论坛, 2020, 36(7): 34-39.

[23] 任占营. 高职院校专业群建设的变革意蕴探析[J]. 高等工程教育研究, 2019(6): 4-8.

[24] 冉云芳. 企业参与职业教育办学的内部收益率分析及政策启示[J]. 教育研究, 2017(4): 55-63.

[25] 姜大源. 德国"双元制"职业教育再解读[J]. 中国职业技术教育, 2013(33): 5-14.

[26] 王雅静. 德国双元制中国化的组织向度：以新星职校的组织演变为例(1984—2002)[J]. 教育学术月刊, 2021(3): 34-42.

[27] 张凯, 刘立新. 加强法律体系建设, 推进职业教育现代化: 德国 2019 年《职业教育法》修订案述评 [J]. 中国职业技术教育, 2020(4): 5–15.

[28] 刘立新, 张凯. 德国《职业教育法 (BBiG)》: 2019 年修订版 [J]. 中国职业技术教育, 2020(4): 16–42.

[29] 段玉青. 德国职业教育经费保障体系对我国西部职业教育的启示 [J]. 教育财会研究, 2012, 23(2): 40–43.

[30] 杨蕊竹, 孙善学. 德国双元制教育治理体系研究与借鉴: 基于文化历史活动理论的分析 [J]. 北京行政学院学报, 2021(4): 99–107.

[31] 陈愚, 李鹏. 德国双元制应用技术大学对我国地方院校转型的启示 [J]. 实验技术与管理, 2017, 34(4): 275–279.

[32] 唐慧, 谢莉花. 德国教育体系中融通机制的构建: 政策、举措与经验 [J]. 德国研究, 2021(2): 54–71, 133–134.

[33] 阙明坤, 占丽, 周瑜. 职业院校与行业企业推进命运共同体建设的掣肘因素及干预机制 [J]. 职业技术教育, 2021(4): 30–34.

[34] 周劲松, 肖智清. 基于全面质量管理的高等职业教育质量评价模型的建设 [J]. 职业技术教育, 2008(2): 5–6.

[35] 王育仁. 第三方质量评价运行机制研究 [J]. 中国高校科技, 2012(6): 53–54.

[36] 戴冬秀. 关于高职教育质量的三个问题 [J]. 职教论坛, 2008(23): 21–24.

[37] 周应中. 高职专业第三方人才培养质量评价体系的构建 [J]. 职业技术教育, 2012(5) :5–9.

[38] 陈寿根. 高职教育专业评估制度的构建 [J]. 教育发展研究, 2011, 31(Z1): 52–55.

[39] 李玉静, 岳金凤. 国际职业教育评估指标体系比较分析 [J]. 职业技术教育, 2014(19) :83–88.

[40] 秦凤梅, 莫堃. 基于 CIPP 模型的职业教育产教融合质量评价研究 [J]. 西南大学学报 (社会科学版), 2022, 48(3): 194–203.

[41] 邢顺峰. 建设高质量职业教育体系 增强职业教育适应性 [J]. 中国职业技术教育, 2021(3): 12–18.

[42] 葛道凯. 职业教育在服务经济社会发展中提质增效 [J]. 中国职业技术教育, 2021(12): 21–26.

[43] 唐以志. 健全1+X证书制度 增强职业教育适应性 [J]. 中国职业技术教育, 2021(12): 109–113.

[44] 邢晖. 职业教育"十四五": 格局性变化, 适应性施策 [J]. 职教通讯, 2021(1): 1–2.

[45] 赵晶晶, 张智, 盛玉雪. 我国高等职业教育区域布局动力因素与适应性特征研究 [J]. 国家教育行政学院学报, 2020(10): 78–85.

[46] 李如秒, 任宗强. 基于职业适应性导向的职业院校智能制造人才培养 [J]. 教育与职业, 2020(7): 52–57.

[47] 徐小容, 朱德全. 倒逼到主动: 职业教育质量治理对区域经济社会发展的适应性研究 [J]. 职业技术教育, 2018(10): 47–52.

[48] 徐莉亚. 职业教育专业设置与产业结构适应性分析 [J]. 教育与职业, 2016(3): 5–8.

[49] 姜大源. 高校要提升深度参与产教融合的能力 [J]. 中国高等教育, 2018(2): 23–24.

[50] 周凤华, 杨广俊. 产教融合型企业建设培育的若干思考 [J]. 中国职业技术教育, 2019(18): 5–10.

[51] 孙善学. 产教融合的理论内涵与实践要点 [J]. 中国职业技术教育, 2017(34): 90–94.

[52] 谢敏, 顾军燕. 产教融合视阈下高职院校校企融合度研究与评价实践 [J]. 中国职业技术教育, 2018(5): 41–44.

[53] 周绍梅. 产业转型升级视角下职业教育产教融合的症结与破解 [J]. 教育与职业, 2018(2): 8–14.

[54] 张磊, 张弛. 产业逻辑还是教育逻辑？: 高职专业群建设工具理性与价值理性的耦合 [J]. 职教论坛, 2021, 37(3): 22–30.

[55] 陈基纯. 供给侧改革下高职专业设置与产业发展匹配研究: 基于广东地市面板数据的实证分析 [J]. 中国职业技术教育, 2020(5): 39–45.